SCHUBERT'S SONGS TO TEXTS BY GOETHE

by
Franz Schubert

Edited by Eusebius Mandyczewski

From the Breitkopf & Härtel
Complete Works Edition

With new literal prose
translations of the texts by
Stanley Appelbaum

Dover Publications, Inc.
New York

Published in Canada by General Publishing Company, Ltd., 30 Lesmill Road, Don Mills, Toronto, Ontario.
Published in the United Kingdom by Constable and Company, Ltd., 10 Orange Street, London WC2H 7EG.

This Dover edition, first published in 1979, contains all the songs to texts by Johann Wolfgang von Goethe in *Serie 20. Lieder und Gesänge* (Solo Songs) from *Franz Schubert's Werke. Kritisch durchgesehene Gesammtausgabe*, originally published by Breitkopf & Härtel, Leipzig (1884–1897). The new translations of the texts, the glossary and all other preliminary matter were prepared specially for the present edition by Stanley Appelbaum.

International Standard Book Number: 0-486-23752-4
Library of Congress Catalog Card Number: 78-58220

Manufactured in the United States of America
Dover Publications, Inc.
180 Varick Street
New York, N.Y. 10014

CONTENTS

The D-numbers are those of the standard thematic catalogue of Schubert's works by Otto Erich Deutsch, in collaboration with Donald R. Wakeling. The present volume follows the order of the Breitkopf & Härtel Complete Works Edition, and that edition's dating of the songs is retained on the respective title pages, but the Deutsch volume should also be consulted on questions of dating and chronological sequence. Deutsch also lists a few Goethe songs discovered later than the Breitkopf & Härtel edition, as well as some fragmentary versions.

ALPHABETICAL LIST OF SONG TITLES

ALPHABETICAL LIST OF SONG OPENINGS

GLOSSARY

of German Terms in Headings and Music Pages, Other Than Goethe's Texts

Angenehm, etwas geschwind: pleasantly, somewhat fast
Ballade von . . .: ballad by . . .
Bischof: bishop
componirt von . . .: composed by . . .
Dichter: poet
Dritte Fassung: third version
Edler: baronet
erschienen als . . .: published as . . .
Erste Bearbeitung (or, *Fassung*): first version
Etwas bewegter: with somewhat more agitation
Etwas geschwind(er): somewhat (more) rapidly
Etwas geschwind, lieblich: somewhat fast, sweetly
Etwas geschwind, zart: somewhat fast, tenderly
Etwas langsam(er): somewhat (more) slowly
Etwas lebhaft: somewhat animatedly
Freiin: baroness
Freundlich, mässig: in a friendly manner, moderato
Für eine Bassstimme (eine Singstimme, zwei Singstimmen) mit Begleitung des Pianoforte: for bass voice (voice, two voices) and piano accompaniment
Für Gesang und Pianoforte: for voice(s) and piano
Fürstin: princess
geb.: née [geboren]
Gedicht von . . .: poem by . . .
Gesang: voice(s)
Geschwind(er): fast(er)
. . . gewidmet: dedicated to . . .
Graf: count
Guter Laune: cheerfully
Heiter, mässig geschwind: merrily, moderately fast
immer geschwinder: faster and faster
In A Dur: in A Major
in der Ferne: in the distance
Klagend: lamenting
Klagend, mässig: lamenting, moderato
Kräftig (or, *Kraftvoll*): vigorously

Langsam: slowly
Langsam, feierlich mit Anmuth: slowly, solemnly, gracefully
Langsam, mit Ausdruck: slowly, expressively
Lieblich: sweetly
Mässig: moderato
Mässig, heiter: moderato, merrily
Mässig, in gehender Bewegung: moderato, in a walking pace
Mässig, lieblich: moderato, sweetly
Mässig, mit stiller Würde: moderato, with quiet dignity
Mässig, ruhig: moderato, calmly
Mässig, zart: moderato, tenderly
Mässige Bewegung: with moderate motion
mit aller Stärke: with full force
Mit (der) Verschiebung: with the soft pedal
mit halber Stimme: mezza voce
mit leichterer Begleitung: with simplified accompaniment
mit Majestät: majestically
mit Majestät, etwas langsam: majestically, somewhat slowly
nicht ganz langsam: not altogether slowly
nicht zu geschwind: not too fast
nicht zu langsam: not too slowly
nicht zu langsam, lieblich: not too slowly, sweetly
nicht zu schnell: not too fast
Rasch: rapidly
Reichsgraf: count of the Empire
Ritter: knight
Schnell: fast
Schnell, mit Leidenschaft: fast, passionately
Sehr langsam: very slowly
Sehr langsam, ängstlich: very slowly, with anxiety
Sehr langsam, feierlich mit Anmuth: very slowly, solemnly, gracefully
Sehr langsam, leise: very slowly, softly

ix

Sehr langsam, mit Ausdruck: very slowly, expressively

Sehr langsam, mit höchstem Affekt: very slowly, with extreme emotion

Sehr langsam, wehmüthig: very slowly, in a melancholy fashion

Singstimme: voice

Spätere Fassung: later version

Stark, im ersten Zeitmaase: powerfully, in the original tempo

ursprünglich "Etwas schnell!": originally, "somewhat fast!"

ursprüngliche Fassung: original version

Vierte (endgültige) Fassung: fourth (definitive) version

Wehmüthig: in a melancholy fashion

Wie oben: as above

Ziemlich geschwind: rather fast

Ziemlich langsam: rather slowly

Ziemlich lebhaft: rather animatedly

Zweite Bearbeitung (or, *Fassung):* second version

zum Schlusse: to conclude

TRANSLATION OF THE GOETHE TEXTS

The following are translations of the texts as adapted by Schubert and printed in the Complete Works Edition. All the composer's repeats are given in full, but only where they appear in the notation; additional stanzas printed without their music are translated as they stand; when Schubert set a text more than once, the translation gives the repeats that occur in the first setting in the present volume.

Every effort has been made to achieve modern, literal prose equivalents of Goethe's poems—that is, to give a strictly accurate rendering of at least their surface meaning. Even so, it has been necessary to use many paraphrases in order to obtain acceptable English. Certainly less beautiful than a poetical rendering, these versions, it is hoped, will aid singers and listeners to understand precisely what Schubert was setting.

Gretchen am Spinnrade
Gretchen at the Spinning Wheel

[from "Faust" I]

My heart is heavy, my peace of mind is gone; I'll never get it back, never get it back! Any place without him is the grave to me; the whole world is soured for me; my poor head is crazed, my poor mind is shattered. My heart is heavy, my peace of mind is gone; I'll never get it back, never get it back. If I look out the window, it's only for him; if I go outdoors, it's only in hopes of seeing him. His fine gait, his noble figure, the smile on his lips, the power in his eyes, and the magical flow of his speech, the pressure of his hands, and oh, his kiss! My heart is heavy, my peace of mind is gone; I'll never get it back, never get it back. My heart yearns for him; oh, if I could embrace him and hold him, and kiss him as I would like to; if I could die kissing him! Oh, if I could kiss him as I would like to; if I could die kissing him, die kissing him! My heart is heavy, my peace of mind is gone.

Nachtgesang / Night Song

Oh, while dreaming on your soft pillow, pay just a little heed to me! Sleep while my strings are playing, sleep! What more do you want? What more do you want?

As my strings are playing, the starry host gives its benediction to eternal emotions; sleep, sleep! What more do you want? What more do you want?

Eternal emotions raise me, lofty and noble, out of the earthly hustle and bustle; sleep! What more do you want?

You separate me much too much from the earthly hustle and bustle; you exile me to the cold outdoors; sleep! What more do you want?

You exile me to this cold and pay heed to me only in your dream. Oh, sleep on your soft pillow! What more do you want?

Trost in Thränen / Consolation in Tears

How is it you are so sad while everyone seems happy? I can see from your eyes you've surely been crying.

"Even if I have been crying all alone, the sorrow is my own, and my tears flow so sweetly, they relieve my heart; and my tears flow so sweetly, they relieve my heart, relieve my heart."

Your happy friends invite you; oh, come rest on our heart! No matter what you've lost, tell us confidently what it was. "You're noisy and uproarious and have no notion of what makes me suffer so. Oh, no, I haven't lost it, although I miss it badly; oh, no, I haven't lost it, although I miss it badly, although I miss it badly."

Then pull yourself together quickly; you're a young person. At your age people have the strength and the courage to obtain what they want. "Oh, no, I can't attain it, it's much too far away from me. It dwells so high up and twinkles as beautifully as that star way up there."

People don't wish for the stars, but merely enjoy their splendor and look upwards with delight on every clear night. "And I have been looking upwards with delight so many and many a day. Let me weep the nights away for as long as I care to weep."

Schäfers Klagelied / The Shepherd's Song of Lament

[Two consecutive musical settings]

Over yonder on that mountain, I stand a thousand times leaning on my staff and looking down into the valley. Then I follow my grazing flock; my little dog guards it for me. I have come all the way down without even realizing it. There the whole meadow is so full of beautiful flowers; I pick them without knowing to whom I shall give them. I wait out rains, storms and thundershowers under the tree; the door over there remains locked, and everything, alas! is just a dream. A rainbow appears over that house, but she has moved away into distant parts. Into distant parts and even farther, perhaps across the sea. Pass by, my sheep, pass by, your shepherd is so sorrowful; pass by, my sheep, pass by, your shepherd is so sorrowful.

Sehnsucht / Longing

What is tugging at my heart this way? What is drawing me outdoors, twisting and turning me out of my room, out of my house? How the clouds move slowly along there by the cliff! That's where I'd like to be, that's where I want to go! Now the gregarious ravens fly by with a rocking movement; I join their group and follow the migration. And our pinions bear us over mountain and wall, and our pinions bear us over mountain and wall. She dwells down there; I keep looking for her. Here she comes walking; I hasten to her at once, in the form of a singing bird in the bushy forest. She stops and listens and smiles to herself: "He is singing so sweetly, and singing for me." The setting sun gilds the heights; the beautiful girl, lost in thought, takes no notice of it. She walks along the brook through the meadows, and her path is enveloped in deeper and deeper darkness. All at once I appear, in the form of a twinkling star. "What is shining up there, so near and so far?" And after you

have caught sight of the gleam, to your amazement—I lie at your feet, and then I am fortunate; I lie at your feet, and then, and then I am fortunate!

Scene aus Goethe's "Faust" / Scene from Faust

[Two consecutive musical settings] Cathedral. Divine service, organ and chant. Gretchen among many worshippers. An Evil Spirit.

EVIL SPIRIT: How different you felt, Gretchen, when still full of innocence you used to approach the altar here, babble prayers from your well-worn prayerbook, with your heart divided between God and childish games. Gretchen! What are you thinking of! What crime is in your heart? Are you praying for the soul of your mother, who by your doing has passed through slumber into long, long pain? Whose blood is on your threshold? And below your heart is there not already a swelling, stirring creature that tortures both you and itself with its foreboding presence?

GRETCHEN (with growing anxiety): Woe! Woe! If I could only be rid of the thoughts that pass back and forth through my mind against my will!

CHORUS [chanting the *Dies irae* in Latin]: The day of wrath, that fateful day, will destroy the temporal world with flames.

(The organ plays.)

EVIL SPIRIT: God's wrath seizes you! The trumpet sounds! The graves tremble! And your heart, once more frightened out of its ashen repose into fiery anguish, starts to tremble!

GRETCHEN: If I were only out of here! I feel as if the organ were taking my breath away, as if the chanting were dissolving my heart of hearts.

CHORUS: Therefore when the judge sits, whatever is hidden will be manifest, nothing will remain unpunished.

(The organ plays.)

GRETCHEN: I feel closed in! The pillars are hemming me in! The vaulting is pressing in on me! Give me air! Air!

EVIL SPIRIT: Go and hide! Sin and shame cannot remain hidden. Air? Light? Woe betide you!

CHORUS: What will I say then in my sorrow? Whom will I turn to for protection? When even the just man, when even the just man is barely sure of salvation!

(The organ plays.)

EVIL SPIRIT: The glorified turn their faces from you. The pure shudder to stretch out their hand to you. Woe! Woe!

CHORUS: What will I say then in my sorrow? Whom will I turn to for protection?

Der Sänger / The Singer

[Two consecutive musical settings]

"What is that sound I hear outside in front of the gate, on the bridge? Let the song resound here in the hall before our ears!" Thus spoke the king; the page ran; the page returned; the king called; "Let the old man in!" "I greet you, noble gentlemen; I greet you, lovely ladies! What a populous heaven! One star after another! Who can tell your names, who can tell your names? In this hall full of splendor and magnificence, close, my eyes; this is not the time for amazed enjoyment." The singer shut his eyes tight and drew full chords from his strings. The knights gazed at him boldly, and the fair ones cast their eyes down. The king, who was well pleased, called for a golden chain to honor him for his playing. "Give me not the golden chain, give the chain to the knights, before whose bold countenances the lances of the enemy fly into pieces; give it to that chancellor of yours, and let him bear the golden burden along with his other burdens. I sing as the bird sings that lives in the boughs; the song that swells from my throat is a reward that repays me richly. But if I may make a request, I request one thing: command that I be served the finest wine in a goblet of pure gold." He put it to his lips, he drained it: "Oh, sweetly refreshing beverage; oh, sweetly refreshing beverage! God bless this most fortunate house, where a gift like this is a small one! If all goes well with you, think of me and thank God as warmly as I thank you for this drink; if all goes well with you, think of me and thank God as warmly as I thank you for this drink; if all goes well with you, think of me!"

Am Flusse / By the River

[Another musical setting on page 210]

Flow away, my dearly loved songs, to the sea of oblivion! Let no boy repeat you with delight, nor any girl in her bloom. You sang only of my loved one; now she scorns my fidelity. You were written on water, so flow away with it; you were written on water, so flow away with it.

An Mignon / To Mignon

[Two consecutive musical settings]

Borne above valley and river, the sun's chariot moves on in its purity. Alas, as the sun follows its course, every morning it reawakens your sorrows and mine deep in our hearts; every morning it reawakens them.

The night too, is scarcely of any aid to me, for even my dreams now come in sad forms, and silently in my heart I feel the secret shaping power of these sorrows, their secret shaping power.

For many a lovely year now I have seen ships sailing below; each one arrives at its destination, but alas, the constant sorrows fixed in my heart do not float away in the current.

I must come beautifully dressed in clothes I have taken from the wardrobe, because today is a holiday; no one realizes that my inmost heart is fearfully torn with sorrows.

When unobserved I must always weep, although I am able to appear friendly and even healthy and high-colored; if these sorrows were fatal to my heart, oh, I would have died long ago.

Nähe des Geliebten / Presence of the Loved One

[Two consecutive musical settings]

I think of you when I see the gleam of the sun reflected in the sea; I think of you when the flickering of the moon is painted on the fountains.

I see you when the dust rises on the distant road; deep in the night, when the traveler shudders on the narrow mountain path.

I hear you when the waves there climb with a muffled roar! I often go to the quiet grove to listen when all is still.

I am with you; no matter how far away you are, you are close to me! The sun sinks, soon the stars will shine for me. Oh, if you were only here!

Die Liebe / Love

[From "Egmont"]

To be filled with joy and with sorrow, to be filled with thoughts; to grasp and to fear in the pain of suspense; now rejoicing to high heaven, now depressed to the point of death; only the soul that loves is happy, only the soul that loves is happy.

Meeres Stille / A Calm at Sea

Deep silence reigns upon the waters, the sea is at rest without the slightest motion, and with a worried mind the sailor sees a smooth surface all about him. No breeze from any quarter! A fearful, deathlike silence! In the enormous expanse no wave stirs.

Wandrers Nachtlied / Traveler's Night Song

You that come from heaven and silence all pain and sorrows, you that doubly fill with rapture the man who is doubly miserable—alas, I am weary of my doings! What does all this pain and pleasure mean?—sweet peace, come, oh, come to my heart! Sweet peace, come, oh, come to my heart!

Der Fischer / The Fisherman

The water roared; the water swelled; a fisherman sat by it; he looked calmly at his rod, placid to his very heart. And as he sits and listens, the waves rise upward and part; from the noisily agitated waters a woman of the deep appears.

She sang to him, she spoke to him: "Why, with your human cunning and deceit, do you lure my brood up into the deadly heat? Oh, if you only knew how cozily the fish live down below, you would climb down just as you are and would become hale and whole for the first time.

"Does not the dear sun, does not the moon refresh itself in the sea? Do not their faces appear doubly beautiful when they return, breathing the watery element? Are you not enticed by the deep sky, the blueness transfigured by the liquid? Are you not enticed by your own reflected face to come down into the eternal dews?"

The water roared; the water swelled; it moistened his bare feet; his heart expanded with such desire, as if his loved one had greeted him. She spoke to him, she sang to him; that was the end of him: partly, she drew him in; partly, he sank below—and was never seen again.

Erster Verlust / First Loss

Ah, who can bring back the beautiful days, those days of one's first love; ah, who can bring back even one hour of that lovely time? In my solitude I keep my wound fresh, and with constantly renewed lament I mourn my lost happiness. Ah, who can bring back the beautiful days, that lovely time?

Tischlied / Banquet Song

I am overcome by heavenly well-being, without knowing the cause. Am I perhaps to be carried up to the stars? But I'd rather stay here, I can honestly state, and beat on the table while we sing and drink wine.

Don't be surprised at my behavior, friends; it is truly wonderful to be on this dear earth. Therefore I take a solemn oath, without jeopardy, that I shall not be irresponsible and run away.

But since we are all together here, I think the goblet should ring to the poet's verses. Good friends are going away, perhaps a hundred miles away, and so right here and now we should quickly toast them.

Long live the man who makes it possible for others to live! That is my doctrine. So let's drink to our king first of all, the honor is due him. He is our defense against domestic and foreign enemies; he is naturally concerned with preserving his realm, but even more with increasing it.

Now at once I hail her, the one and only woman. When I say this, let each man chivalrously think of his own beloved. If some pretty girl observes exactly whom I have in mind, then let her nod to me: "Long live my lover, too!"

The third glass is for friends, the two or three people who quietly rejoice with us on good days, and gently and easily clear away the mist of sad nights; let's shout hurrah for them, whether they are old or new friends.

The current now flows more broadly, and the waves increase in number. Now here's a long and happy life to honest fellows who stand together loyally with sinewy strength in the sunshine of happiness and in bad situations.

Just as we are gathered here, so are many other groups assembled. May the ventures of others succeed as well as ours! Between the source and the sea many a mill grinds, and the welfare of the whole world is my aim.

Der Gott und die Bajadere: Indische Legende
The God and the Bayadere: A Legend of India

Mahadeva, lord of the earth, descends from heaven for the sixth time in order to become as one of us and to feel our joys and pains. He sees fit to live here, and to take things as they come. If he is to punish or to show mercy, he must see human beings as a human being does. And after observing the city in the guise of a traveler, closely examining the great men and taking notice of the small, he leaves the city in the evening to travel farther, he leaves the city in the evening to travel farther.

After reaching the limit of the last houses, he sees a beautiful prostitute with painted cheeks. "Greetings, maiden!" "Thanks for the honor! Wait, I'll be right out." "And who are you?" "A bayadere [temple dancer and prostitute], and this is the house of love." She hastens to beat the cymbals in time to her dance; she circles about adorably, bows, bends and hands him a bouquet; she bows, bends and hands him a bouquet.

(N.B.: In these stanzas and those that follow, the context must determine the dynamics.—COMPOSER'S NOTE.)

She draws him to her threshold with flattery, she eagerly draws him into the house. "Handsome stranger, my hut will immediately be bright with lamplight. If you are weary, I will refresh you, I will relieve the pain of your feet. You shall have everything you want, rest, joys or pastimes." She busily ministers to his feigned suffering. The Divine One smiles; with joy he perceives a human heart beneath her deep degradation.

And he demands menial services; she merely grows more and more cheerful, and the girl's former artifices gradually become part of her nature. In this way the blossom is gradually succeeded by the fruit; if obedience is in one's spirit, love will not be far away. But in order to test her more and more severely, the Knower of heights and depths chooses pleasure and horror and fierce pain.

And he kisses her painted cheeks, and she feels the suffering of love, and the girl is a prisoner, and she weeps for the first time; she sinks down at his feet, not for lust or gain, and oh, her supple limbs completely refuse to obey her. And so the hours of night prepare the beautiful fabric of their dark comforting veil for the pleasurable celebration of the couch.

Having fallen asleep at a late hour in the midst of their frolic, and having awakened early after a brief repose, she finds her beloved guest lying dead beside her bosom. She screams and falls upon him, but she cannot rouse him, and his stiff body is soon carried off to the fiery pit. She hears the priests, the funeral chants; she raves and runs and cuts through the crowd. "Who are you? What is impelling you toward the pit?"

She falls down beside the coffin; her cries pierce the air: "I want my husband back, and I seek him in the grave! Is the divine splendor of this body to crumble into ash? Mine! He was mine in the face of the world! Alas, only one sweet night!" The priests sing: "We carry off the aged after they have long grown weary and finally grown cold; we carry off the young before they even realize it.

"Hear the teachings of your priests: This man was not your husband. After all, you are living the life of a bayadere and so you have no responsibility toward him. The shadow follows only the body into the silent realm of the dead; only the wife follows the husband: that is her duty and, at the same time, her glory. Sound, trumpet, the holy lament! Gods, take this ornament of days, take this youth to your abode in flames!"

Thus speaks the choir, which mercilessly increases her heart's distress; and with outstretched arms she leaps into a blazing death. But the Divine Youth rises from the flames, and in his arms his beloved soars aloft with him. The godhead rejoices in repentant sinners; immortals raise misguided children up to heaven in their fiery arms.

Der Rattenfänger / The Ratcatcher (Pied Piper)

I am the well-known singer, the widely traveled rat-catcher, and this long-famous city is surely in special need of me. And no matter how many rats there are, and even if there are weasels besides, I will cleanse this place of all of them, they must all disappear.

Besides, this merry-spirited singer is sometimes a child-catcher as well, and he can tame even the wildest of them when he sings his golden tales. And no matter how unruly the boys are, and no matter how obstinate the girls are, I pluck my strings and they all have to follow me.

Besides, this versatile singer is occasionally a girl-catcher; he never arrives in any town where he doesn't charm several of them. And no matter how dumb the girls are and no matter how prudish the women are, they are all melted with love when I play my magical lyre and sing.

Der Schatzgräber / The Treasure Seeker

Poor in purse, sick at heart, I dragged my weary days along. Poverty is the greatest torment, riches are the greatest good! And in order to end my sorrows, I went out to dig for buried treasure. "You can have my soul," I wrote in my own blood, I wrote in my own blood.

And so I drew one magical circle around another, lit strange flames, put together herbs and bones: the conjuration was complete. And according to the instructions, I dug for the old treasure in the place indicated: black and stormy was the night, black and stormy was the night.

And I saw a light in the distance, and like a star it came behind me from far, far off, just as the clock was striking twelve. And then all preparations were useless. All at once the place grew brighter from the glow of the filled bowl that a handsome boy was bringing, that a handsome boy was bringing.

I saw his beautiful eyes gleaming beneath his thick wreath of flowers; in the heavenly glow of the beverage, he stepped within the circle. And in a friendly manner he bade me drink; and I thought: "This boy, with his beautiful bright gift can surely not be the Evil One, can surely not be the Evil One."

"Drink and absorb the spirit of pure living! then you will understand the lesson and you will not return to this place with your fearful conjuration. Dig here no more in vain. 'Toil by day, guests by night; hard weekdays,

enjoyable holidays': let that be your magic spell in the future, let that be your magic spell in the future."

Heidenröslein / The Little Rose on the Heath

A boy saw a little rose, a little rose standing on the heath; it was so young and so freshly beautiful that he quickly ran to look at it close up, and it was a great joy to see. Little rose, rose, red rose, little rose on the heath.

The boy said: "I shall pick you, little rose on the heath." The little rose said: "I shall prick you so hard that you will always remember me, and I won't endure it." Little rose, rose, red rose, little rose on the heath.

And the impetuous boy picked the little rose on the heath; the little rose defended itself and pricked him, but its lamenting was of no use, and it had to endure it. Little rose, rose, red rose, little rose on the heath.

Bundeslied / Song of Fellowship

In all happy hours, enhanced by love and wine, let this song be sung by all of us together! We are kept together by the god who brought us here. Renew our flames; it was he who kindled them.

So beam happily today, be united in your hearts! Come, drink this glass of fine wine in honor of renewed joy! Come, clink glasses in this fair hour, and at every new gathering faithfully kiss your old companions again!

Who dwells within our circle and isn't happy there? Enjoy our untrammeled way of life and our fraternal loyalty! May heart be inclined to heart for all time; our fellowship will not be disturbed by any trifles.

A god has blessed us with a liberated view of life, and everything that occurs renews our happiness. None of our pleasures is spoiled by being burdened with odd quirks; our hearts are not cramped by ceremony, and they beat more freely.

With every step the swift course of our life becomes broader, and our gaze moves upward, always in a cheerful vein. We never fear when all things about us rise and fall, and for a long, long time—forever—we will be companions just as we are now.

An den Mond / To the Moon

[Another musical setting on page 91]

Once more you quietly fill bush and valley with a misty glow, and at last you completely unbind my soul as well; you soothingly extend your gaze over my fields, just as my companion's eyes rest gently upon my fate.

My heart feels every reverberation of happy and sad times; I walk in solitude between joy and sorrow. Flow, flow, dear river! I will never be happy; that is how our sporting and kissing slipped away, and faithfulness as well.

(And yet I did once possess that most precious thing! Why is it, to one's sorrow, that one can never forget it!)

Babble, river, down the valley without pause or letup, babble, whisper melodies for my song,

When in winter nights you rage and overflow your

banks, or when you purl around the springtime splendor of young buds.

Happy is the person who shuts himself off from the world without hatred, clasps a friend to his heart and with him enjoys

That which, unknown or disregarded by people, walks in the night through the labyrinth of the heart.

Wonne der Wehmuth / Enjoyment of Melancholy

Do not dry, do not dry, tears of eternal love! Oh, how dreary, how dead the world seems to the eye that is half dry! Do not dry, do not dry, tears of unhappy love; do not dry, do not dry, tears of unhappy love!

Wer kauft Liebesgötter? / Cupids for Sale

Of all the beautiful wares assembled here in the market, none will give you more pleasure than those we have borne here from distant countries. Oh, hear what we are singing, and look at the beautiful birds that are offered for sale.

First look at the big one, the merry one, the wanton one! He hops lightly and perkily down from trees and bushes and is back up again in a flash. We don't intend to sing his praises. Oh, look at the merry bird! He is offered for sale here.

Now observe the little one; he tries to look discreet, but he is as dissolute as the big one; generally in private you will find him most obliging. The wanton little bird is offered for sale here.

Oh, look at the little dove, the dear turtledove hen! Girls are so dainty, intelligent and well-mannered; she likes to adorn herself and make use of your love. The gentle little bird is offered for sale here.

We won't sing their praises; you can try them out as much as you wish. They like new things, but please don't ask for notarized guarantees of their fidelity; they all have wings. How well-bred the birds are, how attractive the offer is!

Die Spinnerin / The Spinner

As I was spinning quietly and peacefully, without any hindrance, a handsome young man approached my distaff.

He praised whatever there was to praise; could any harm come of that? He praised my hair, which he said was like the flax, and he praised the evenness of my thread.

During all of this he was far from calm and didn't let things remain as they were; and the thread, which I had long preserved, broke in two.

And the weight of the flax yielded many more lengths of thread; but, alas, I could no longer boast about them.

When I brought them to the weaver, I felt something stirring, and my poor heart beat more rapidly.

Now, when the sun beats hotly down, I bring the cloth out to be bleached and have difficulty bending over at the nearest pond.

What I spun quietly and carefully in my room will

finally—how can it be otherwise?—appear in the full light of the sun.

Liebhaber in allen Gestalten / A Lover in All Guises

I wish I were a fish, so rapid and agile; and if you came fishing I'd be sure to make an appearance. I wish I were a fish, so rapid and agile; I wish I were a fish, so rapid and agile.

I wish I were a horse, then you'd value me. Oh, if I only were a carriage to carry you comfortably! I wish I were a horse, then you'd value me; I wish I were a horse, then you'd value me.

I wish I were gold, always at your service; and if you bought something, I'd come running back to you. I wish I were gold, always at your service.

I wish I were faithful, and my darling constantly new; I'd swear to be true and I'd never roam. I wish I were faithful, and my darling constantly new.

I wish I were old and wrinkled and cold; then if you refused me, it wouldn't annoy me. I wish I were old and wrinkled and cold.

I wish I could turn at once into a monkey, full of teasing pranks; if something vexed you, I'd perform antics for you. I wish I could turn at once into a monkey, full of teasing pranks.

I wish I were as gentle as a sheep, as bold as a lion, as keen-sighted as a lynx and as wily as a fox. I wish I were as gentle as a sheep, as bold as a lion.

Whatever I'd become would be all yours; you would have me together with princely gifts. Whatever I'd become would be all yours.

But I am the way I am, so just take me! If you want to possess better men, have them carved out of wood for you. I am the way I am, so just take me!

Schweizerlied / Swiss Song

[In Swiss dialect]

I sat on the hill and watched the little birds; they sang, they hopped, they built a little nest.

I stood in a garden and watched the little bees; they buzzed, they hummed, they built little cells.

I walked in the meadow and looked at butterflies; they sucked nectar, they flew around, and did it most beautifully.

And just now Hansel comes along and I happily show him how they do it, and we laugh and do it too.

Der Goldschmiedsgesell / The Journeyman Goldsmith

No doubt about it, the girl next door is really adorable! When I am in the workshop early in the morning, I look out at her little shop.

Then I hammer the delicate golden wires to make rings and chains. "Ah," I think, "when," and again I think, "when will there be a ring like this for Katie?"

And as soon as she raises her shutters, the whole town comes in a mob and bargains and makes offers for all sorts of things in her little shop.

I am filing; at such times I often file a gold wire down

to powder. My master grumbles, he's a hard man! He notices that it was because of the little shop.

And the very moment that business is slow she immediately reaches for her little spinning wheel. I think I know what she wants to spin: the sweet girl has hopes.

Her dainty little foot treads and treads; then I picture to myself her dainty calf; I think about her garter, too— I gave it to the darling girl.

And my sweetheart raises her fine, fine thread to her lips. Oh, I wish I were in its place—how I would kiss my girl!

Sehnsucht / Longing

["*None But the Lonely Heart,*" *from "Wilhelm Meisters Lehrjahre"; two consecutive settings as well as others under different titles which appear on pages 138, 140, 225 and 233*]

Only the person accustomed to longing knows how I am suffering! Alone and cut off from all joy, I look up at the sky in that direction yonder. Ah! the man who loves me and knows me is far away. My head spins, I am on fire inside. Only the person accustomed to longing knows how I am suffering, only the person accustomed to longing knows how I am suffering, knows how I am suffering!

Mignon

[*From "Wilhelm Meisters Lehrjahre"*]

Do you know the land where the lemon trees bloom, where the golden oranges gleam in the dark foliage, where a gentle breeze blows from the blue sky, where the myrtle stands silently and the laurel grows tall? Do you know it? There, there, there is where I would like to go with you, my beloved; there, there, there! there is where I would like to go with you, my beloved, there, there, there, there!

Do you know the house? Its roof rests on columns, the great hall shines, the rooms glisten, and marble statues stand and look at me: "What have they done to you, you poor child?" Do you know it? There, there, there is where I would like to go with you, my protector, there, there, there! there is where I would like to go with you, my protector, there, there, there, there!

Do you know the mountain and its path among the clouds? The mule seeks its way among the mists; the ancient brood of the dragons dwells in caves; the crag drops away and the cataract tumbles over it. Do you know it? There, there, there is where our path leads! Oh, father, let us depart! There, there, there! there is where our path leads! Oh, father, let us depart! There, there, there, there!

Harfenspieler / The Harpist

[*From "Wilhelm Meisters Lehrjahre"; other musical settings with variant titles on pages 121 and 129*]

The man who devotes himself to solitude—alas! he is soon alone; alas! he is soon alone. Everybody lives, every-body loves, and leaves him to his sorrow. Yes! leave me to my pain! And if I once succeed in finding real solitude, even then I will not be alone. A man in love steals softly up and stands listening to find out whether his sweetheart is alone. Thus does sorrow come stealthily upon me in my solitude by day and night, thus does pain come upon me in my solitude. Ah, when I finally attain solitude in my grave, then it will leave me alone, then it will leave me alone, then it will leave me alone!

Geistes-Gruss / A Spirit Greeting

[*Four consecutive musical settings*]

High up on the old tower stands the hero's noble ghost and, as the ship passes by, bids it a prosperous voyage. "See, these sinews were so strong, this heart so firm and wild, these bones were full of knightly marrow, the goblet always filled; half of my life rushed past in furious action, the other half went languidly by in repose, and you, and you, you little shipload of humanity there, sail on and on!"

Hoffnung / Hope

[*Two consecutive musical settings*]

I ask of you, Fortune, to let me bring the labor of my hands to completion. Please do not let me grow weary, do not let me grow weary! No, it isn't an empty dream: only saplings as yet, these trees will eventually give fruit and shade, will eventually give fruit and shade.

Rastlose Liebe / Restless Love

In the face of snow, rain and wind, in the vapor of gorges, through fogs, on and on! On and on! Without rest or repose! I preferred to beat a difficult path through sorrows rather than endure so many of life's joys. Every attachment between two hearts, oh, how fertile it is in creating pain! How shall I escape? Shall I go to the woods? All, all in vain! The crown of life, happiness that allows no repose—that's what you are, love; that's what you are, love! Happiness without repose, that's what you are, love; the crown of life, happiness without repose, that's what you are, love; that's what you are, love; that's what you are, love, oh, love!

Erlkönig / The Elf King*

[*Four consecutive musical settings*]

Who is riding so late through night and wind? It is the father with his child; he is holding the boy firmly in his arms; he has a secure grip on him; he is keeping him warm. "My son, why are you hiding your face in such fear?" "Father, don't you see the Elf King, the Elf King with a crown and a robe with a train?" "My son, that's a patch of fog." "You sweet child, come along

---

*Literally, "alder king," but this is usually regarded as a false etymology going back to Herder's translation of Scandinavian ballads.

with me! I will play really lovely games with you; many colorful flowers grow on the shore; my mother has many golden garments!" "My father, my father, don't you hear what the Elf King is quietly promising me?" "Be calm, remain calm, my child; it's the wind rustling through the dry leaves." "Charming boy, do you want to come with me? My daughters will take fine care of you; my daughters lead the round dance at night, and they will cradle, dance and sing you to sleep; they will cradle, dance and sing you to sleep." "My father, my father, don't you see the Elf King's daughters over there in that gloomy spot?" "My son, my son, I see exactly what it is; the old willows have that gray appearance." "I love you, I am attracted by your beautiful form; and if you are not willing, I will use force." "My father, my father, now he is taking hold of me! The Elf King has hurt me!" The father shudders; he rides swiftly; he holds the moaning child in his arms; with the greatest difficulty he reaches the courtyard; in his arms the child was dead.

Harfenspieler II / The Harpist II

[*From "Wilhelm Meisters Lehrjahre"; another musical setting on page 136*]

I will steal up to people's doors; I will stand piously and respectably; charitable hands will offer me food, and I will wander on, I will wander on. Everyone will consider himself fortunate when my image appears before him; he will shed a tear, and I won't know why he's weeping, I won't know why he's weeping.

Harfenspieler III / The Harpist III

[*From "Wilhelm Meisters Lehrjahre"; two consecutive musical settings, and another on page 132*]

The man who never ate his bread mixed with tears, who never sat weeping on his bed through sorrowful nights, that man is not familiar with you, heavenly powers, heavenly powers.

You introduce us to life, you let the poor man become guilty, then you abandon him to suffering, for all guilt is avenged on earth, is avenged on earth.

Der König in Thule / The King in Thule

There was a king in Thule faithful until death; when his paramour died she gave him a golden goblet. Nothing meant more to him; he drained it at every banquet; his eyes filled with tears whenever he drank from it.

And when his death approached, he counted the cities in his kingdom and left everything gladly to his heir, but made an exception of the goblet. He sat at the royal feast, with his knights around him, in the lofty hall of his ancestors there in his palace by the sea.

There stood the old toper; he took his last drink of life's warmth and threw the sacred goblet down into the waves. He watched it plunge, touch the water as if drinking, and finally sink deep into the sea. His eyes fell shut and he never drank another drop.

Jägers Abendlied / Hunter's Song at Evening

I stalk through the field impetuously but silently, my rifle ready to fire. And then your lovely image, your sweet image floats so brightly before me, your sweet image floats before me.

You are now probably walking silently and gently through field and lovely valley, and oh, doesn't my quickly fading image loom up before you just once, loom up before you just once?

If I just think of you, I feel as if I were gazing into the moon; a quiet peace comes over me and I feel strange and wonderful; and I feel strange and wonderful.

An Schwager Kronos
To Kronos (Father Time), the Post-Chaise Driver

Hurry, Kronos! Away at a rattling trot! Our road sweeps downhill, our road sweeps downhill; your slowness makes my head ache and whirl. Fast! Even if it's bumpy, let's race toward life, let's race toward life at a trot over sticks and stones! Now once more that hard-breathing slow pace, now once more that difficult uphill climb! Come, then, no laziness, upward by striving and hoping! Far, high, all around what a marvelous view of life; from mountain to mountain the eternal spirit soars, with a foreknowledge of eternal life. At the side of the road the shade of a shed attracts you, attracts you, and a glance that promises solace cast by the girl on the threshold there. Refresh yourself, refresh yourself! Pass that foaming drink to me too, my girl, give me that lively, healthful glance! Downhill then, faster! Look, the sun is setting! Before it sets, before I am old and the fog in the swamp grips me, before my toothless jaws clatter and my bare bones tremble: dash away with me while I am still intoxicated by the last sunbeam, with a fiery sea in my tearing eyes; while I am dazzled and staggering, dash away with me into the nocturnal gate of Hades. Coachman, blow your horn, let's go at a noisy, rattling trot; coachman, blow your horn, let's go at a noisy, rattling trot, so that the god of the underworld will hear that we're coming, so that at the very doorway the innkeeper will receive us cheerfully.

Auf dem See / On the Lake

[*Two consecutive musical settings*]

Yes, I absorb fresh nourishment and new blood from the outdoors; how beautiful and kindly is Nature, who clasps me to her breast! The rocking waves lift our boat to the beat of the oars, and mountains, rising heavenward through the clouds, come to meet us as we proceed; and mountains, rising heavenward through the clouds, come to meet us as we proceed. Why are you cast down, my eyes? Are you returning once more, golden dreams? Away with you, dreams! Golden though you may be, here too there is love and life, here too there is love and life. On the waves a thousand floating stars twinkle; on all sides soft mists absorb the towering mountains in the distance; a morning breeze whips around the shadowed bay, and the ripening fruit is reflected in the lake. On the waves a thousand floating stars twinkle; on all sides soft mists absorb the towering mountains in the distance; on the waves a thousand floating stars twinkle, a thousand floating stars.

Ganymed / Ganymede

How you beam at me on all sides, springtime, my loved one, in the glow of morning! With thousandfold raptures of love, how the sacred sensation of your eternal warmth presses upon my heart, infinite beauty! If I could only clasp you in these arms! Alas, I lie upon your breast and languish, and your flowers, your grass press upon my heart. You cool the burning thirst in my heart, lovely morning breeze! Meanwhile the nightingale, in love, calls to me from the misty valley. I come! I come! Alas! Where to? Where to? I am drawn upward, upward! I am drawn upward, upward! The clouds float down, the clouds stoop down toward my yearning love. To me! To me! Upwards in your bosom! Embracing and embraced! Upwards to your breast, all-loving Father! The clouds stoop down toward my yearning love. To me! To me! Upwards in your bosom! Embracing and embraced! Upwards to your breast, all-loving Father, all-loving Father!

Die Liebende schreibt
A Woman in Love Writes a Letter

A glance from your eyes into mine, a kiss of your mouth upon mine—if anyone knew those things as well as I do, would they find anything else enjoyable? Far from you, estranged from my family, I constantly let my thoughts go straying and they always hit upon that hour, that one and only hour; then I start to cry. My tears dry again without my noticing; I think to myself: his love surely reaches me here in this quiet spot—and can't you reach out into the distance? Hear the murmur of this breeze of love; my only happiness on earth is your good will toward me; my only happiness, your good will toward me, my only happiness; send me some word!

Prometheus

Cover your sky, Zeus, with cloudy vapor, and, like a boy who beheads thistles, exercise your strength on oaks and mountain peaks; in spite of all, you must leave my earth alone, and my cabin, which was not built by you, and my hearth, the warmth of which you envy me. I know of nothing poorer beneath the sun than you, gods! You miserably feed your majesty on commanded sacrifices and on the breath of prayer, and you would starve if children and beggars were not fools filled with hopes. When I was a child and didn't know in from out, I turned my misguided eyes up to the sun, as if there were an ear up there to hear my lament, a heart like my own to take pity on the oppressed. Who aided me against the rashness of the Titans? Who rescued me from death, from slavery? Didn't you achieve everything by yourself, my sacredly glowing heart? And, young and good-natured

as you were, didn't you glow with thanks for your salvation, thanks that you mistakenly addressed to the Sleeper up there? I am to honor you? What for? Have you ever soothed the pains of the heavily burdened? I am to honor you? What for? Have you ever quieted the weeping of the anguished? Was I not forged into manhood by all-powerful Time and eternal Destiny, my masters and yours? Did you perhaps imagine that I would hate life and run away into the wilderness because not all of my cherished dreams came to fruition? Here I sit and form human beings in my own image, a race that will be like me, meant to suffer, to weep, to enjoy and to be happy, and to disregard you, as I do, to disregard you, as I do!

Versunken / Absorbed
[From the "West-East Divan"]

A head so round and covered with curly tresses, a head so round and covered with curly tresses! And when I am allowed to fill my hands with such thick hair, passing them back and forth through it, I feel thoroughly hale and hearty. And when I kiss forehead, brow, eye, mouth, then I feel refreshed but stricken again and again; then I feel refreshed but stricken again and again, but stricken again and again. But when should the five-toothed comb [the poet's hand] come to a halt? It returns to the tresses again. The ear does not refuse to join in the game, so tender in frolic, so loving, so tender in frolic, so loving! But as you stroke this little head, but as you stroke this little head, your hand will pass back and forth through such thick hair eternally, pass back and forth eternally, pass back and forth eternally. A head so round and covered with curly tresses!

Geheimes / Secret Lore
[From the "West-East Divan"]

Everybody is amazed at the way my sweetheart makes eyes; I, on the other hand, being knowledgeable, know very well what it signifies; I know very well what it signifies. It means, "I love this man, and not that man or that man." So then, good people, stop being amazed, stop yearning to find out! Yes, it's true that when she looks around she wields enormous power; but she is only trying to let him know when the next sweet hour will be, when the next sweet hour will be.

Grenzen der Menschheit / Boundaries of Humanity

When the Holy Father, Ancient of Days, with calm hand sows beneficent lightning bolts from rolling clouds onto the earth, I kiss the humblest hem of his robe, with childlike awe deep in my heart; I kiss the humblest hem of his robe, with childlike awe deep in my heart. For no human being should measure himself against gods. If a man rises up and touches the stars with the crown of his head, his unsteady feet have no firm hold, and he becomes the plaything of clouds and winds; his unsteady feet have no firm hold, and he becomes the plaything of clouds and winds. If he stands on the solidly based, enduring earth with a sturdy and healthy frame, he cannot even compare with the oak or the grapevine in height. What differentiates gods from men? It is that many waves move past the gods, an eternal stream, whereas we are lifted by the wave, swallowed up by the wave, and we sink, and we sink. A small circle delimits our life, and many races continually link up with one another in the infinite chain of their existence, in the infinite chain of their existence.

Mignon I

[From "Wilhelm Meisters Lehrjahre"; another musical setting on page 228]

Don't ask me to speak, ask me to be silent, for my secret is an obligation of mine; I would like to tell you all my hidden thoughts, but my destiny does not allow it. When the time comes, the sun in its course dispels the dark night, which is forced to grow light; even hard, dense rock opens to our view if the earth does not withhold its deeply hidden springs. Every man seeks repose in the arms of a companion, where he can pour out his heart in lamentation; but as for me, an oath seals my lips, and only a god can open them, and only a god can open them.

Mignon II

[From "Wilhelm Meisters Lehrjahre"; another musical setting on page 231]

Thus let me appear [like an angel] until I become [one]; don't strip me of my white robe! I am hastening away from the beautiful earth down into that changeless abode; I am hastening away from the beautiful earth down into that changeless abode. There I will rest in silence for a short while, then I shall see with new eyes; then I shall leave behind my pure chrysalis, my garment and my wreath; then I shall leave behind my pure chrysalis, my garment and my wreath. And those heavenly figures will not ask whether I am man or woman; and no clothing, no drapery will envelop my transfigured body; and no clothing, no drapery will envelop my transfigured body. It's true I lived without worries or labors, yet I felt my share of deep sorrow. I grew old too soon from anguish; make me eternally young again; I grew old too soon from anguish; make me eternally young again.

Suleika I

[From the "West-East Divan"]

What does this stirring signify? Does the east wind bring me happy news? The cool beating of its pinions soothes my heart's deep wound; the cool beating of its pinions soothes my heart's deep wound. It plays caressingly with the dust, driving it upward in light little clouds; it carries off the merry little race of insects to a

safe place among the vine leaves; it carries off the merry little race of insects to a safe place among the vine leaves. It gives gentle protection against the heat of the sun; it cools *my* hot cheeks, too; as it speeds by, it finds a moment to kiss the grapevines that stand in splendor on field and hill; as it speeds by it finds a moment to kiss the grapevines that stand in splendor on field and hill. And its soft whispering brings me a thousand greetings from my companion; before these hills become murky, I will surely be greeted with a thousand kisses. So then, you can move on! Be of service to friends and to the downcast. So then, you can move on! Be of service to friends and to the downcast. There, there, where the high walls gleam, there, I will soon find the man I love so well. Ah, the true knowledge of the heart, the breath of love, renewed life, can come to me only from his mouth; only his breath can give me this, only his breath. Ah, the true knowledge of the heart, the breath of love, renewed life, can come to me only from his mouth; only his breath can give me this, only his breath. Ah, the true knowledge of the heart, the breath of love, renewed life, only his breath can give me this.

Suleika II

[From the "West-East Divan"]

Oh, how I envy you your moist pinions, west wind; for you can bring him word of how I suffer when we are apart, for you can bring him word of how I suffer when we are apart! The movement of your wings awakens silent longing in my heart; touched by your breath, flowers, meadows, forest and hill are in tears; touched by your breath, flowers, meadows, forest and hill are in tears; touched by your breath, they are in tears. Yet your mild and gentle blowing cools sore eyelids; ah, I would have to die of sorrow if I did not hope to see him again; ah, I would have to die of sorrow if I did not hope to see him again; ah, I would have to die of sorrow if I did not hope to see him again. Then hasten to my lover, speak gently to his heart; but be careful not to sadden him, conceal my sorrow from him; then hasten to my lover, speak gently to his heart; but be careful not to sadden him, conceal my sorrow from him. Tell him, but tell him modestly: his love is my life; his presence will give me the joyful sensation of both, the joyful sensation of both; tell him, but tell him modestly: his love is my life; his presence will give me the joyful sensation of both, the joyful sensation of both; tell him, but modestly: his love is my life, his love is my life.

Der Musensohn / The Son of the Muses

[Two consecutive musical settings]

Roaming through field and forest, whistling my little song, I go from one place to another, I go from one place to another! And my whole being stirs to a musical beat and moves along to a musical measure, and my whole being moves along to a musical measure. I can hardly wait to see the first flower in the garden, the first blossom on the tree. They greet my songs, and when the winter comes again, I still sing of that dream, I still sing of that dream, that dream. I sing of it in distant places, while walking the length and breadth of the ice, and the winter breaks into beautiful bloom, and the winter breaks into beautiful bloom! These blossoms disappear too, and I find new joy on hilly farmland, and I find new joy on hilly farmland. For when I find the local youngsters by the lime tree, I immediately put life into them. The lumpish lad gives himself airs, the awkward girl wheels and turns to my music, to my music, my music. Muses, you give wings to my feet and drive your protégé far from home across valley and hill; you drive your protégé far from home. You dear, lovely Muses, when will I finally find repose again on her breast; when will I finally find repose again on her breast?

An die Entfernte / To the Woman Far Away

So have I really lost you? Beautiful one, have you run away from me; beautiful one, have you run away from me? My accustomed ears still hear every word, every tone. Just as the traveler's gaze at morning pierces the sky in vain when, hidden in the blue expanse, the lark sings high above him, so does my gaze penetrate field, bushes and forest back and forth in its anxiety; all, all my songs call to you; oh, loved one, come back to me; oh, loved one, come back to me! All, all my songs call to you; oh, come, oh, loved one, come back to me!

Willkommen und Abschied / Welcome and Farewell

[Two consecutive musical settings]

My heart began to beat—quickly, to horse! No sooner thought than done; evening was already cradling the earth, and night hung on the mountains: the oak already stood there in its robe of mist, a towering giant, where darkness looked out of the shrubbery with a hundred gloomy eyes, looked out with a hundred gloomy eyes. From a hill of cloud the moon peeped lamentably through the mist; the winds flew by on soft wings and whizzed fearfully in my ears; the night created a thousand monsters; but my spirit was fresh and joyful: what fire in my veins! What a blaze in my heart! What fire in my veins! What a blaze, oh, what a blaze, oh, what a blaze in my heart! I saw you and beneficent joy flowed upon me from your sweet glance; my whole heart was beside you and every breath I drew was for you, and every breath I drew was for you, and every breath I drew was for you. A rose-colored atmosphere of springtime encircled your lovely face, and tenderness for me, for me—oh, gods! I hoped for it, but I didn't deserve it! Oh, gods! I hoped for it, but I didn't deserve it! But, alas, as soon as the morning sun appeared, my heart was tightened by thoughts of departure: what rapture in your kisses! What sorrow in your eyes! I went, you stood and looked down at the ground, with tearful eyes you watched me go; you stood and looked down at the ground, and with tearful eyes you watched me go: and yet, and yet, what happiness it is to be loved—and to love, oh, gods, what happiness, oh, what happiness, oh, to love, to love, what happiness!

Wandrers Nachtlied / Traveler's Night Song

Over all the peaks there is rest; in all the treetops you can barely perceive a breath of air; the birds are silent, are silent in the forest. Just wait, just wait, soon you too will rest; just wait, just wait, soon you too will rest.

Gretchen am Spinnrade.

Aus Goethe's „Faust"

Für eine Singstimme mit Begleitung des Pianoforte

componirt von

FRANZ SCHUBERT.

Op. 2.

Moritz Reichsgrafen von Fries gewidmet.

19. October 1814.

*) ursprünglich „Etwas schnell."

fin _ _ de sie nim _ mer und nim _ _ mer _ mehr.

Nach ihm _____ nur schau' ich zum

Fen _ _ ster hin - aus, nach ihm _____ nur geh' ich

aus _____ dem Haus. Sein ho _ _ her Gang, _____ sein'

ed' _ _ le Ge - stalt, sei - nes Mun _ _ des Lä - cheln, sei _ ner

4

nim - - mer und nim - - mer mehr.

Mein Bu - - sen drängt sich nach _____ ihm

hin, ach dürft' _____ ich fas - sen und hal - - ten

ihn, und küs - - sen ihn, _____ so wie _____ ich

wollt; an sei - - nen Küs - sen ver - ge - - hen

Nachtgesang.

Von J. W. v. Goethe.

Für eine Singstimme mit Begleitung des Pianoforte
componirt von
FRANZ SCHUBERT.

30. November 1814.

Die ewigen Gefühle
Heben mich, hoch und hehr,
Aus irdischem Gewühle;
Schlafe! was willst du mehr?

Vom irdischen Gewühle
Trennst du mich nur zu sehr,
Bannst mich in diese Kühle;
Schlafe! was willst du mehr?

Bannst mich in diese Kühle,
Giebst nur im Traum Gehör.
Ach, auf dem weichen Pfühle
Schlafe! was willst du mehr?

Trost in Thränen.

Gedicht von J. W. v. Goethe.

Für eine Singstimme mit Begleitung des Pianoforte

componirt von

FRANZ SCHUBERT.

30. November 1814.

Wie kommt's, dass du __ so trau-rig bist, da al-les froh er-
Die fro-hen Freun-de la-den dich, o komm an uns're

scheint? __ Man sieht dir's an den Au-gen an, ge-wiss, du hast __ ge-
Brust! __ Und was du auch ver-lo-ren hast, ver-trau-e den __ Ver-

weint. __ „Und hab' ich ein-sam auch ge-weint, so ist's mein eig-ner
lust. __ „Ihr lärmt und rauscht und ah-net nicht, was mich, den Ar-men,

Schmerz,____ und Thrä‑nen flie‑ssen gar so_süss, er‑leich‑tern mir_ das
quält.____ Ach nein, ver‑lo‑ren hab' ich's nicht, so sehr es mir_ auch

Herz,____ und Thrä‑nen flie‑ssen gar so_süss, er‑leich‑tern mir_ das
fehlt,____ ach nein, ver‑lo‑ren hab' ich's nicht, so sehr es mir_ auch

1.2.3.   **4.**

Herz, er‑leich‑tern mir_ das Herz."
fehlt, so sehr es mir_ auch fehlt."

So raffe denn dich eilig auf,   Die Sterne, die begehrt man nicht,
Du bist ein junges Blut.   Man freut sich ihrer Pracht,
In deinen Jahren hat man Kraft   Und mit Entzücken blickt man auf,
Und zum Erwerben Muth.   In jeder heitern Nacht.
„Ach nein, erwerben kann ich's nicht, „Und mit Entzücken blick' ich auf
Es steht mir gar zu fern.   So manchen lieben Tag;
Es weilt so hoch, es blinkt so schön, Verweinen lasst die Nächte mich,
Wie droben jener Stern."   So lang' ich weinen mag."

Schäfers Klagelied.

Von J. W. v. Goethe.

Für eine Singstimme mit Begleitung des Pianoforte

componirt von

FRANZ SCHUBERT.

Erste Bearbeitung.

1814.

Da droben auf je _ nem Ber _ ge, da steh' ich tau _ send _ mal an mei _ nem Sta _ be hin _ ge _ bo _ gen und se _ he hin _ ab in das Thal.

Dann folg' ich der wei _ denden Heer _ de, mein Hündchen bewahret mir sie, ich bin _ herun _ ter ge _ kom _ men,

und weiss doch sel - ber nicht wie. Da steht von schö - nen

Blu - men, da steht die gan - ze Wie - se so voll, ich bre - che sie, oh - ne zu

ritard.

wis - sen, wem ich sie ge - - ben soll. Und Re - gen, Sturm und Ge -

wit - - ter ver - pass' ich un - ter dem Baum; die

Thü - re dort blei - bet ver - schlossen, und al - les ist lei - der ein Traum. Es

ste-het ein Re-gen-bo-gen wohl ü-ber je-nem Haus, sie a-ber ist fort-ge-

zo—gen gar weit in das Land hin—aus. Hin—

aus in das Land_ und wei—ter, viel—leicht gar ü—ber die See. Vor—ü—ber, ihr

Scha—fe, nur__ vor—ü—ber, dem Schä—fer ist gar__ so weh, vor—ü—ber, ihr

Scha—fe, nur__ vor—ü—ber, dem Schä—fer ist gar__ so weh.

Schäfers Klagelied.

Von J. W. v. Goethe.

Für eine Singstimme mit Begleitung des Pianoforte

componirt von

FRANZ SCHUBERT.

Zweite Bearbeitung.

Op. 3. № 1.

Ignaz Edlen von Mosel gewidmet.

1814.

Da dro-ben auf je-nem Ber-ge, da steh' ich tau-send-mal, an mei-nem

Sta-be hin-ge-bo-gen, und schaue hin-ab in das Thal.

Dann folg' ich der wei-denden Heer-de, mein Hündchen bewah-ret mir sie; ich

bin her-un-ter ge-kom-men und weiss doch sel-ber nicht wie.

Da ste - het von schö - nen Blu - men, da steht die gan - ze

Wie - se so voll; ich bre - che sie, oh - ne zu wis - sen, wem ich sie

ge - - ben soll. Und Re - gen, Sturm und Ge -

wit - - ter ver - pass' ich un - ter dem Baum.

Die Thü - re dort blei - bet ver - schlossen; doch al - les ist lei - der ein

Traum. Es ste-het ein Re - gen-bo - gen wohl ü - ber je - nem Haus, sie

a - ber ist fort - ge - zo - gen, und weit in das Land hin - aus. Hin-

aus in das Land und wei - ter, viel - leicht gar ü - ber die See. Vor-ü - ber, ihr Scha - fe, nur vor-

ü - ber! dem Schä - fer ist gar so weh; vor-ü - ber, ihr Scha - fe, nur vor-

ü - ber! dem Schä - fer ist gar so weh.

Sehnsucht.

Gedicht von J. W. v. Goethe.

Für eine Singstimme mit Begleitung des Pianoforte
componirt von

FRANZ SCHUBERT.

7. December 1814.

Berg und Gemäu _ er um _ fit _ tigen wir, und Berg und Gemäu _ er um _ fit _ tigen

wir; sie wei _ let da drun _ ten, ich spä _ he nach

ihr. Da kommt sie und wandelt;

Recit. **Lieblich.**

Ich ei _ le sobald, ein singender Vo _ gel im buschig _ ten Wald.

Recit.

Sie wei _ let und horchet und lächelt mit sich: „Er sin-get so lieblich und singt es an mich:"

Wie oben.

Ziemlich langsam.

Die scheidende Son-ne ver-gül-det die Höh'n; die sin-nende Schö-ne, sie lässt _ es ge-sche-hen. Sie wan-delt am Ba-che die Wie-sen ent-lang, und fin-ster und finst-rer um-schlingt _ sich der

Recit.

Gang. Auf einmal er-schein' ich, ein blinkender Stern. „Was

Langsam.

glän-zet da dro-ben, so nah und so fern?" Und hast du mit Stau-nen das

Geschwinder.

Leuch-ten er-blickt: ich lieg' dir zu Fü-ssen, da bin ich be-glückt, ich

lieg' dir zu Fü-ssen, da bin ich, da bin ich be-

glückt!

Scene aus Goethe's „Faust".

Dom. Amt, Orgel und Gesang. Gretchen unter vielem Volke. Böser Geist.

Für Gesang und Pianoforte

componirt von

FRANZ SCHUBERT.

Erste Bearbeitung.

December 1814.

Scene aus Goethe's „Faust".

Amt, Orgel und Gesang. Gretchen unter vielem Volke.
Für Gesang und Pianoforte
componirt von
FRANZ SCHUBERT.
Zweite Bearbeitung.

Langsam.

CHOR.

ü — ber und hin — ü — ber ge — hen wi — der mich! Di — es i — rae, di — es il — la, sol — vet

sae — clum in fa — vil — la.

Recit.

Böser Geist.

Grimm fasst dich! Die Posaune

tönt! Die Grä — ber be — ben! und dein Herz, aus A — schenruh' zu Flam — men —

Gretchen.

qua — len wie — der auf — ge — schaf — fen, bebt auf! Wär' ich hier weg! Mir ist, als ob die

Or — gel mir den A — them ver — setz — te, Ge — sang mein Herz im Tief — sten lös — te.

27

Der Sänger.

Ballade von J. W. v. Goethe.

Für eine Singstimme mit Begleitung des Pianoforte
componirt von

FRANZ SCHUBERT.

Erste Bearbeitung.
Erschienen als Op. 117.

Februar 1815.

Der König sprach's, der Pa_ge lief,

der Pa_ge kam, der Kö_nig rief: Lasst mir her_ein den Al_ten!

Freundlich, mässig.

Ge_ grü _ _ sset seid mir, ed _ _ le_

Herrn, ge-grüsst ihr schönen Damen! Welch' rei _ _ _ cher Him_mel!

Stern bei_ Stern! Wer ken _ net ih_re Na _ men, wer ken _ net ih_re

Na _ men?

Recit.

Im Saal voll Pracht und Herrlichkeit schliesst, Au _ gen, euch; hier ist nicht Zeit sich staunend

zu er _ ge _ tzen.

Der Sän _ ger drückt' die Au _ gen ein, und schlug in vol _ len

a tempo

Tönen.

Die Rit _ ter schau _ ten mu _ thig drein, und

in ___ den Schooss die Schönen.

Recit.

Der Kö-nig, dem es wohl ge-fiel, liess, ihn zu eh-ren für sein Spiel,

ei-ne gold-ne Ket-te ho-len. Die gold-ne Ket-te gib mir

nicht, die Ket-te gib den Rittern, vor de-ren küh-nem An-ge-sicht der Fein-de Lan-zen

splittern; gib sie dem Kanz-ler, den du hast, und

Schnell.

lass ihn noch die gold-ne Last zu an-dern La-sten tra-gen. Ich

Angenehm, etwas geschwind.

sin - ge, wie der Vo - gel singt, der in den Zwei - gen

woh - net; das Lied, das aus der Keh - le dringt, ist

Lohn, der reich - lich loh - net.

Recit.

Doch darf ich bit - ten, bitt' ich

eins: Lass mir den be - sten Be - cher Weins in pu - rem Gol - de rei - chen.

Nicht zu langsam, lieblich.

Er setzt' ihn an,— er trank ihn aus: O

Trank voll sü_sser La_be, o Trank voll sü_sser La_be! O wohl dem hochbeglückten

Haus, wo das_ist klei_ne Ga_be! Er geht's euch wohl, so

denkt an mich, und dan___ket Gott so warm, als

ich für die _ _ sen Trunk _ euch dan _ _ ke; er _

geht's euch wohl, so _ denkt _ an mich, und

dan _ ket Gott so warm, _ als ich für die _ sen Trunk euch dan _ _ _

ke; er _ geht's euch wohl, so denkt an _ mich!

Der Sänger.

Ballade von J. W. v. Goethe.

Für eine Singstimme mit Begleitung des Pianoforte

componirt von

FRANZ SCHUBERT.

Zweite Bearbeitung.

Was hör' ich draussen vor dem Thor, was auf der Brü_cke schallen? Lass den Ge_sang vor un_serm Ohr im Saa_le wie_der_hallen! Der König sprach's, der Pa_ge lief;

der Pa_ge kam, der Kö_nig rief: Lasst mir herein den

Freundlich, mässig.

Al_ten!

Ge_grü _ _ sset seid mir

ed _ _ le_ Herrn, ge_grüsst ihr_ schö_nen Damen! Welch'

rei _ _ cher Himmel! Stern _____ bei_ Stern! Wer

ken _ net ih_re Na _ men, wer ken _ net ih_re Na _ men?

Recit.

Im Saal voll Pracht und Herr_lichkeit schliesst, Au_gen, euch, hier ist nicht Zeit sich staunend zu er_

fp

Wie oben.

getzen.   Der Sän_ger drückt' die Au_gen ein und schlug in__ vol_len   Tönen.

p   *cre* _ *scen* _ *do* _ *f*

tr   *p*   *mf*

Die Rit_ter schau_ten mu_thig d'rein, und__

tr   *3*   *fp*   *fp*

in den Schooss die Schönen,   die Rit _ ter schau _ ten   mu _ thig d'rein, und

dolce.   *3*   *3*

in den Schooss die Schönen.

Recit.

Der König, dem es wohl gefiel, liess, ihn zu eh_ren für sein

Mässig, mit stiller Würde.

Spiel, ei_ne goldne Ket_te ho_len. Die gold_ne Ket_te gib mir nicht, die

Kette gib den Rit_tern, vor de_ren küh_nem An_ge_sicht der Fein_ _ _de Lanzen

split_tern. Gib sie dem Kanzler, den du hast, und lass'ihn noch die gold_ne Last zu

Angenehm, etwas geschwind.

an_dern Lasten tragen.   Ich   sin_ge, wie   der   Vo_gel singt, der

in_ den Zwei_gen woh_ _net;   das   Lied, das aus   der   Keh _ le dringt, ist

Lohn, der reich _ lich   loh _ _ _net.

Recit.

Doch darf ich bit_ten, bitt' ich   eins: Lass mir den be_sten Be_cher

Nicht zu langsam, lieblich.

Weins   in purem Gol_de reichen.   Er   setzt'   ihn

Am Flusse.

Gedicht von J. W. v. Goethe.

Für eine Singstimme mit Begleitung des Pianoforte

componirt von

FRANZ SCHUBERT.

27. Februar 1815.

Ver_flie _ sset, viel _ gelieb_te Lieder, zum Mee _ re derVer_ges _ sen _ heit! kein Knabe sing'entzückt euch wie_der, kein Mäd _ chen in der Blü _ then_zeit. Ihr san_get nur von meiner Lie _ ben; nun spricht sie mei_ner Treu_e Hohn. Ihr wart ins Was_ser ein_ge_schrieben; so fliesst_ denn auch mit ihm da_von; ihr wart ins Was_ser ein_ge_schrieben, so fliesst denn auch mit ihm da _ von.

An Mignon.

Gedicht von J. W. v. Goethe.

Für eine Singstimme mit Begleitung des Pianoforte

componirt von

FRANZ SCHUBERT.

Erste Fassung.

27. Februar 1815.

Über Thal und Fluss ge_tra _ gen, zie_het
Kaum will mir die Nacht noch from _ men, denn die

rein der Son _ ne Wa _ gen. Ach, sie regt in ih _ rem Lauf, so wie dei _ ne,
Träu_me sel _ ber kom _ men nun in trau _ ri _ ger Ge_stalt; und ich füh _ le

mei _ ne Schmerzen tief im Her _ zen im _ mer Mor_gens wie_der auf, im _ mer
die _ ser Schmerzen still im Her _ zen heim_lich bil_den_de Ge_walt, heim_lich

Mor _ gens wie _ der auf.
bil _ den _ de Ge _ walt.

An Mignon.

Gedicht von J. W. v. Goethe.

Für eine Singstimme mit Begleitung des Pianoforte
componirt von

FRANZ SCHUBERT.

Zweite Fassung.

Op. 19. Nº 2.

Dem Dichter gewidmet.

mei _ ne Schmer _ zen tief im Her _ zen im _ mer
die _ ser Schmer _ zen still im Her _ zen heim _ lich

Mor _ gens wie _ der auf, im _ mer Mor _ gens wie _ der
bil _ den _ de__ Ge _ walt, heim _ lich bil _ den _ de Ge _

auf.
walt.

dimin.

fp

Schon seit manchen schönen Jahren
Seh' ich unten Schiffe fahren,
Jedes kommt an seinen Ort;
Aber ach, die steten Schmerzen,
Fest im Herzen,
Schwimmen nicht im Strome fort.

Schön in Kleidern muss ich kommen,
Aus dem Schrank sind sie genommen,
Weil es heute Festtag ist;
Niemand ahnet, dass von Schmerzen
Herz im Herzen
Grimmig mir zerrissen ist.

Heimlich muss ich immer weinen,
Aber freundlich kann ich scheinen
Und sogar gesund und roth;
Wären tödtlich diese Schmerzen
Meinem Herzen,
Ach, schon lange wär' ich todt.

Nähe des Geliebten.

Gedicht von J. W. v. Goethe.

Für eine Singstimme mit Begleitung des Pianoforte

componirt von

FRANZ SCHUBERT.

Erste Fassung.

27. Februar 1815.

Sehr langsam, feierlich mit Anmuth.

Nähe des Geliebten.

Gedicht von J. W. v. Goethe.

Für eine Singstimme mit Begleitung des Pianoforte

componirt von

FRANZ SCHUBERT.

Zweite Fassung.

Op. 5. № 2.

Anton Salieri gewidmet.

27. Februar 1815.

Ich höre dich, wenn dort mit dumpfem Rauschen
　Die Welle steigt!
Im stillen Hain, da geh' ich oft zu lauschen,
　Wenn alles schweigt.

Ich bin bei dir; du seist auch noch so ferne,
　Du bist mir nah!
Die Sonne sinkt, bald leuchten mir die Sterne.
　O, wärst du da!

Die Liebe.

Gedicht aus Goethe's „Egmont".

Für eine Singstimme mit Begleitung des Pianoforte
componirt von

FRANZ SCHUBERT.

3. Juni 1815.

Freud _ _ voll und leid _ _ voll, ge -

dan _ _ _ ken-voll sein; lan - gen und

ban _ _ gen in schwe _ _ ben-der Pein;

him _ mel _ hoch jauch _ zend, zum To _ _ _ _ de be _

trübt;_____ glück _ lich al _ lein____ ist die See _ le, die liebt,

glück _ _ lich al _ lein_____ ist die See _ le, die

liebt.

Meeres Stille.

Gedicht von J. W. v. Goethe.

Für eine Singstimme mit Begleitung des Pianoforte

componirt von

FRANZ SCHUBERT.

Op. 3. Nº 2.

Ignaz Edlen von Mosel gewidmet.

21. Juni 1815.

Wandrers Nachtlied.

Von J. W. v. Goethe.

Für eine Singstimme mit Begleitung des Pianoforte

componirt von

FRANZ SCHUBERT.

Op. 4. № 3.

Dem Patriarchen Joh. Ladisl. Pyrker von Felsö-Eör gewidmet.

5. Juli 1815.

Langsam, mit Ausdruck. ♩ = 50.

Singstimme.

Pianoforte.

Der du von dem Him-mel bist, al-les Leid und Schmer-zen stillst,

den, der dop-pelt e-lend ist, dop-pelt mit Entzü-ckung füllst, ach, ich bin des Trei-bens

mü-de! Was soll all der Schmerz und Lust?_ Sü-sser Friede, komm', ach

komm' in mei-ne Brust! sü-sser Friede, komm', ach komm' in mei-ne Brust!

Der Fischer.

Ballade von J. W. v. Goethe.

Für eine Singstimme mit Begleitung des Pianoforte

componirt von

FRANZ SCHUBERT.

Op. 5. Nº 3.

Anton Salieri gewidmet.

5. Juli 1815.

Das Was _ ser rauscht', das Was _ ser schwoll, ein Fi _ scher sass da _ ran, sah
Sie sang zu ihm, sie sprach zu ihm: was lockst du mei _ ne Brut mit
Labt sich die lie _ be Son _ ne nicht, der Mond sich nicht im Meer? Kehrt
Das Was _ ser rauscht', das Was _ ser schwoll, netzt' ihm den nack _ ten Fuss; sein

nach dem An _ gel ru _ he voll, kühl bis an's Herz hin _ an. Und wie er sitzt und
Men _ schenwitz und Men _ schenlist hin _ auf in To _ des gluth? Ach wüss _ test du, wie's
wel _ len _ athmend ihr Gesicht nicht dop _ pelt schö _ ner her? Lockt dich der tie _ fe
Herz wuchs ihm so sehn _ suchtsvoll, wie bei der Lieb _ sten Gruss. Sie sprach zu ihm, sie

wie er lauscht, theilt sich die Fluth em _ por; aus dem be _ weg _ ten
Fisch _ lein ist so woh _ lig auf dem Grund, du stiegst her _ un _ ter
Him _ mel nicht, das feucht ver _ klär _ te _ Blau? Lockt dich dein ei _ gen
sang zu ihm; da war's um ihn ge _ scheh'n: halb zog sie ihn, halb

Was _ ser rauscht ein feuch _ tes Weib _____ her _ vor.
wie du bist, und wür _ dest erst _____ ge _ sund.
An _ ge sicht nicht her in ew' _ _ gen Thau?
sank er hin, und ward nicht mehr _____ ge _ seh'n.

Erster Verlust.

Gedicht von J.W. v. Goethe.

Für eine Singstimme mit Begleitung des Pianoforte

componirt von

FRANZ SCHUBERT.

Op. 5. No 4.

Anton Salieri gewidmet.

5. Juli 1815.

Tischlied

von J. W. v. Goethe.

Für eine Singstimme mit Begleitung des Pianoforte

componirt von

FRANZ SCHUBERT.

Erschienen als Op. 118. № 3.

15. Juli 1815.

Mich er_greift, ich_ weiss nicht wie, himm_li_sches Be_ha_gen.
Wun_dert euch, ihr Freun_de, nicht, wie ich mich ge_ber_de;

Will mich's et_wa_ gar hin_auf zu den Ster_nen tra_gen? Doch ich blei_be
wirk_lich es_ ist_ al_ler_liebst auf der lie_ben Er_de. Da_rum schwör' ich

lie_ber hier, kann ich red_lich sa_gen, beim Ge_sang und Gla_se
fei_er_lich und ohn' al_le_ Fähr_de, dass ich mich nicht fre_vent_

Wein auf den Tisch zu_schla_gen.
lich weg_be_ge_ben_wer_de.

Da wir aber allzumal
So beisammen weilen,
Dächt' ich, klänge der Pokal
Zu des Dichters Zeilen.
Gute Freunde ziehen fort,
Wohl ein hundert Meilen,
Darum soll man hier am Ort
Anzustossen eilen.

Lebe hoch, wer Leben schafft!
Das ist meine Lehre.
Unser König denn voran,
Ihm gebührt die Ehre.
Gegen inn- und äussern Feind
Setzt er sich zur Wehre;
An's Erhalten denkt er zwar,
Mehr noch, wie er mehre.

Nun begrüss' ich sie sogleich,
Sie die einzig Eine.
Jeder denke ritterlich
Sich dabei die Seine.
Merket auch ein schönes Kind,
Wen ich eben meine,
Nun so nicke sie mir zu:
Leb' auch so der Meine!

Freunden gilt das dritte Glas,
Zweien oder Dreien,
Die mit uns am guten Tag
Sich im Stillen freuen
Und der Nebel trübe Nacht
Leis und leicht zerstreuen;
Diesen sei ein Hoch gebracht,
Alten oder neuen.

Breiter wallet nun der Strom,
Mit vermehrten Wellen.
Leben jetzt im hohen Ton
Redliche Gesellen!
Die sich mit gedrängter Kraft
Brav zusammen stellen
In des Glückes Sonnenschein
Und in schlimmen Fällen.

Wie wir nun zusammen sind,
Sind zusammen viele.
Wohl gelingen dann, wie uns,
Andern ihre Spiele!
Von der Quelle bis an's Meer
Mahlet manche Mühle,
Und das Wohl der ganzen Welt
Ist's, worauf ich ziele.

Indische Legende.
Der Gott und die Bajadere.
Von J. W. v. Goethe.
Für eine Singstimme mit Begleitung des Pianoforte
componirt von
FRANZ SCHUBERT.

18. August 1815.

Singstimme. Mässig.

Ma _ hadöh, der Herr der Er_de, kommt herab zum sechs_ten_mal, dass er Unsers_
Als er nun hin _ aus _ ge _ gangen, wo die letzten Häu_ser sind, sieht er, mit ge_

Pianoforte. *p*

glei_chen wer_de, mit zu fühlen Freud' und Qual. Er bequemt sich hier zu wohnen, lässt sich al_les
mal_ten Wangen, ein verlornes schö_nes Kind. Grüss dich, Jungfrau!_ Dank der Eh_re! Wart', ich komme

p

selbst geschehn. Soll er strafen o _ der schonen, muss er Menschen menschlich sehn. Und hat er die Stadt sich als
gleich hin_aus. Und wer bist du?_ Ba _ ja _ de _ re, und dies ist der Lie _ be Haus. Sie rührt sich die Cymbeln zum

cresc.

Wand _ rer betrach_tet, die Gro _ ssen be_lau_ert, auf Klei _ ne ge_ach_tet, ver_lässt er sie Abends, um
Tan _ ze zu schlagen; sie weiss sich so lieb_lich im Krei_se zu tra_gen, sie neigt sich und biegt sich, und

wei-ter zu gehn, ver-lässt er sie Abends, um wei-ter zu gehn.
reicht ihm den Strauss, sie neigt sich und biegt sich und reicht ihm den Strauss.

NB. Bei diesen Strophen sowohl als bei den übrigen muss der Inhalt derselben das Piano und Forte bestimmen.

Schmeichelnd zieht sie ihn zur Schwelle,
Lebhaft ihn ins Haus hinein.
Schöner Fremdling, lampenhelle
Soll sogleich die Hütte sein.
Bist du müd', ich will dich laben,
Lindern deiner Füsse Schmerz.
Was du willst, das sollst du haben,
Ruhe, Freuden oder Scherz.
Sie lindert geschäftig geheuchelte Leiden.
Der Göttliche lächelt; er siehet mit Freuden
Durch tiefes Verderben ein menschliches Herz.

Und er fordert Sclavendienste;
Immer heitrer wird sie nur,
Und des Mädchens frühe Künste
Werden nach und nach Natur.
Und so stellet auf die Blüthe
Bald und bald die Frucht sich ein;
Ist Gehorsam im Gemüthe,
Wird nicht fern die Liebe sein.
Aber, sie schärfer und schärfer zu prüfen,
Wählet der Kenner der Höhen und Tiefen
Lust und Entsetzen und grimmige Pein.

Und er küsst die bunten Wangen,
Und sie fühlt der Liebe Qual,
Und das Mädchen steht gefangen,
Und sie weint zum erstenmal;
Sinkt zu seinen Füssen nieder,
Nicht um Wollust noch Gewinnst,
Ach! und die gelenken Glieder
Sie versagen allen Dienst.
Und so zu des Lagers vergnüglicher Feier
Bereiten den dunklen behaglichen Schleier
Die nächtlichen Stunden das schöne Gespinnst.

Spät entschlummert unter Scherzen,
Früh erwacht nach kurzer Rast,
Findet sie an ihrem Herzen
Todt den vielgeliebten Gast.
Schreiend stürzt sie auf ihn nieder;
Aber nicht erweckt sie ihn,
Und man trägt die starren Glieder
Bald zur Flammengrube hin.
Sie höret die Priester, die Todtengesänge,
Sie raset und rennet und theilet die Menge.
Wer bist du? Was drängt zu der Grube dich hin?

Bei der Bahre stürzt sie nieder,
Ihr Geschrei durchdringt die Luft:
Meinen Gatten will ich wieder!
Und ich such' ihn in der Gruft.
Soll zur Asche mir zerfallen
Dieser Glieder Götterpracht?
Mein! er war es, mein vor allen!
Ach, nur Eine süsse Nacht!
Es singen die Priester: wir tragen die Alten,
Nach langem Ermatten und spätem Erkalten,
Wir tragen die Jugend, noch eh' sie's gedacht.

Höre deiner Priester Lehre:
Dieser war dein Gatte nicht.
Lebst du doch als Bajadere,
Und so hast du keine Pflicht.
Nur dem Körper folgt der Schatten
In das stille Todtenreich;
Nur die Gattin folgt dem Gatten:
Das ist Pflicht und Ruhm zugleich.
Ertöne, Drommete, zu heiliger Klage!
O nehmet, ihr Götter! die Zierde der Tage,
O nehmet den Jüngling in Flammen zu euch!

So das Chor, das ohn' Erbarmen
Mehret ihres Herzens Noth;
Und mit ausgestreckten Armen
Springt sie in den heissen Tod.
Doch der Götter-Jüngling hebet
Aus der Flamme sich empor,
Und in seinen Armen schwebet
Die Geliebte mit hervor.
Es freut sich die Gottheit der reuigen Sünder;
Unsterbliche heben verlorene Kinder
Mit feurigen Armen zum Himmel empor.

Der Rattenfänger.

Ballade von J. W. v. Goethe.

Für eine Singstimme mit Begleitung des Pianoforte
componirt von
FRANZ SCHUBERT.

19. August 1815.

Etwas geschwind.

Singstimme.

Ich bin der wohl be _ kann _ te Sän _ ger, der viel _ ge _ reis'te Rat _ ten _ fänger, den
Dann ist der gut ge _ laun _ te Sän _ ger mit _ un _ ter auch ein Kin _ der _ fänger, der
Dann ist der viel ge _ wan _ dte Sän _ ger ge _ le _ gentlich ein Mäd _ chen _ fänger, in

Pianoforte.

die _ se _ alt be _ rühm _ te Stadt ge _ wiss be _ son _ ders nö _ _ _ thig hat. Und
selbst die wil _ de _ sten _ bezwingt, wenn er die gold _ nen Mähr _ _ chen singt. Und
kei _ nem Städtchen langt _ er an, wo er's nicht man _ cher an _ _ ge _ than. Und

wä _ ren's Ratten noch _ so vie _ le, und wä _ ren Wie _ sel mit im Spie _ le, von al _ len säubr' ich
wä _ ren Knaben noch _ so trutzig, und wä _ ren Mädchen noch so stu _ tzig, in meine Sai _ ten
wä _ ren Mädchen noch _ so blö _ de, und wä _ ren Wei _ ber noch so sprö _ de, doch al _ len wird so

die _ sen Ort, sie müssen mit ein _ an _ der fort.
greif' ich _ ein, sie müssen al _ le hin _ ter _ drein.
lie _ be _ bang bei Zauber _ sai _ ten und Ge _ sang.

Der Schatzgräber.

Ballade von J. W. v. Goethe.

Für eine Singstimme mit Begleitung des Pianoforte

componirt von

FRANZ SCHUBERT.

19. August 1815.

Und ich sah ein Licht von wei_ten, und es_kam gleich ei_nem Ster_ne hin_ten aus der
Hol_de Au_gen sah ich blinken un_ter_dich_tem Blu_men_kranze; in des Tran_kes
Trin_ke Muth des rei_nen Lebens! dann ver_stehst du die Be_lehrung, kommst, mit ängst_li_

fern_sten Fer_ne, e_ben als es zwöl_fe schlug. Und da galt kein Vor_be_rei_ten.
Him_melsglan_ze trat er in den Kreis her_ein. Und er hiess mich freundlich trin_ken;
cher_ Beschwörung, nicht zurück an die_sen Ort. Gra_be hier nicht mehr ver_ge_bens.

Hel_ler ward's mit ei_nem_ma_le von dem Glanz der vol_len Schale, die ein schöner Kna_be trug,
und ich dacht': es kann der Kna_be mit der schönen lich_ten Ga_be wahr_lich nicht der Bö_se sein,
Ta_ges Ar_beit! A_bends Gä_ste. Sau_re Wo_chen! fro_he Fe_ste! sei dein künftig Zauber_wort,

die ein schö_ner Kna_be trug.
wahrlich nicht der Bö_se sein.
sei dein künf_tig Zau_ber_wort.

zum Schlusse.

Heidenröslein.

Gedicht von J. W. v. Goethe.

Für eine Singstimme mit Begleitung des Pianoforte

componirt von

FRANZ SCHUBERT.

Op. 3. № 3.

Ignaz Edlen von Mosel gewidmet.

19. August 1815.

Sah ein Knab' ein Rös_lein stehn, Rös_lein auf der Hei _ den,
Kna_be sprach: ich bre_che_dich, Rös_lein auf der Hei _ den,
Und der wil_de Kna_be_brach 'sRös_lein auf der Hei _ den;

war so jung und mor_genschön, lief er schnell es nah' zu sehn, sah's mit vie_len Freu_den.
Röslein sprach: ich ste_che dich, dass du e_wig denkst an mich, und ich will's nicht lei_den.
Röslein wehr_te sich und stach, half ihm doch kein Weh und Ach, musst' es e_ben lei_den.

Röslein, Röslein, Rös_lein roth, Röslein auf der Hei _ den.
Röslein, Röslein, Rös_lein roth, Röslein auf der Hei _ den.
Röslein, Röslein, Rös_lein roth, Röslein auf der Hei _ den.

Bundeslied

von J. W. v. Goethe.

Für eine Singstimme mit Begleitung des Pianoforte
componirt von

FRANZ SCHUBERT.

19. August 1815.

Mässig.

Singstimme.

Pianoforte.

In al _ len gu _ ten Stun _ den, er _ höht von Lieb' und Wein, soll
So glü _ het fröhlich heu _ te, seid recht von Her _ zen eins! Auf,

die _ ses Lied ver _ bun _ den von uns ge _ sun _ gen sein! Uns hält der Gott zu _
trinkt er _ neu _ ter Freu _ de dies Glas des ech _ ten Weins! Auf, in _ der hol _ den

sam _ men, der uns hier _ her _ ge _ bracht. Er _ neu _ ert _ uns _ re Flam _ men, er
Stun _ de stosst an, und küs _ set treu, bei je _ dem neu _ en Bun _ de, die

hat sie an _ ge _ facht.
al _ ten wie _ der neu!

Wer lebt in unserm Kreise,
Und lebt nicht selig drin?
Geniesst die freie Weise
Und treuen Brudersinn!
So bleibt durch alle Zeiten
Herz Herzen zugekehrt;
Von keinen Kleinigkeiten
Wird unser Bund gestört.

Uns hat ein Gott gesegnet
Mit freiem Lebensblick,
Und alles, was begegnet,
Erneuert unser Glück.
Durch Grillen nicht gedränget,
Verknickt sich keine Lust;
Durch Zieren nicht geenget,
Schlägt freier unsre Brust.

Mit jedem Schritt wird weiter
Die rasche Lebensbahn,
Und heiter, immer heiter
Steigt unser Blick hinan.
Uns wird es nimmer bange,
Wenn alles steigt und fällt,
Und bleiben lange, lange!
Auf ewig so gesellt.

An den Mond.

Gedicht von J. W. v. Goethe.

Für eine Singstimme mit Begleitung des Pianoforte

componirt von

FRANZ SCHUBERT.

19. August 1815.

Ziemlich langsam.

Singstimme.

Pianoforte.

Fül_lest wie_der Busch und Thal still mit Ne_bel_glanz,____
Je_den Nachklang fühlt mein Herz froh_und trü_ber Zeit,____

lö_sest end_lich auch ein_mal mei_ne See_le_ganz;____ brei_test ü_ber
wan_dle zwischen Freud' und Schmerz in der Ein_sam_keit.____ Flie_sse, flie_sse,

mein Ge_fild lin_dernd dei_nen Blick,____ wie des Freun_des Au_ge_mild
lie_ber Fluss! Nim_mer werd'ich froh,____ so_ver_rausch_te Scherz und Kuss,

ü_ber mein Ge_schick.____
und die Treu_e_ so.____

(Ich besass es doch einmal,
Was so köstlich ist!
Dass man doch zu seiner Qual
Nimmer es vergisst!)

Rausche, Fluss, das Thal entlang,
Ohne Rast und Ruh,
Rausche, flüstre meinem Sang
Melodien zu,

Wenn du in der Winternacht
Wüthend überschwillst,
Oder um die Frühlingspracht
Junger Knospen quillst.

Selig, wer sich vor der Welt
Ohne Hass verschliesst,
Einen Freund am Busen hält
Und mit dem geniesst,

Was, von Menschen nicht gewusst
Oder nicht bedacht,
Durch das Labyrinth der Brust
Wandelt in der Nacht.

Wonne der Wehmuth.

Gedicht von J. W. v. Goethe.

Für eine Singstimme mit Begleitung des Pianoforte

componirt von

FRANZ SCHUBERT.

Erschienen als Op. 115. № 2.

20. August 1815.

Wer kauft Liebesgötter?

Gedicht von J. W. v. Goethe.

Für eine Singstimme mit Begleitung des Pianoforte

componirt von

FRANZ SCHUBERT.

21. August 1815.

Von al_len schö_nen Waa_ren, zum Mark_te_her_ge_fah_ren, wird kei_ne mehr be_
Zu_erst be_seht den gro_ssen, den lu_sti_gen, den lo_sen! Er_ hüp_fet leicht und

ha_gen als die wir euch ge_tra_gen aus fer_nen Ländern brin_gen. O hö_ret was wir
mun_ter von Baum und Busch her_un_ter; gleich ist er wie_der dro_ben. Wir wol_len ihn nicht

sin_gen! und seht die schönen Vö_gel, sie ste_hen zum Ver_kauf.
lo_ben. O seht den muntern Vo_gel! Er steht hier zum Ver_kauf.

Betrachtet nun den kleinen,	O seht das kleine Täubchen,	Wir wollen sie nicht loben,
Er will bedächtig scheinen,	Das liebe Turtelweibchen!	Sie stehn zu allen Proben.
Und doch ist er der lose,	Die Mädchen sind so zierlich,	Sie lieben sich das Neue;
So gut als wie der grosse;	Verständig und manierlich;	Doch über ihre Treue
Er zeiget meist im Stillen	Sie mag sich gerne putzen	Verlangt nicht Brief und Siegel;
Den allerbesten Willen.	Und eure Liebe nutzen.	Sie haben alle Flügel.
Der lose kleine Vogel,	Der kleine zarte Vogel,	Wie artig sind die Vögel,
Er steht hier zum Verkauf.	Er steht hier zum Verkauf.	Wie reizend ist der Kauf!

Die Spinnerin.

Ballade von J. W. v. Goethe.

Für eine Singstimme mit Begleitung des Pianoforte

componirt von

FRANZ SCHUBERT.

Erschienen als Op. 118. № 6.

August 1815.

Ruhig war er nicht dabei,
Liess es nicht beim Alten;
Und der Faden riss entzwei,
Den ich lang' erhalten.

Als ich sie zum Weber trug,
Fühlt ich was sich regen,
Und mein armes Herze schlug
Mit geschwindern Schlägen.

Und des Flachses Steingewicht
Gab noch viele Zahlen;
Aber, ach ich konnte nicht
Mehr mit ihnen prahlen.

Nun, beim heissen Sonnenstich,
Bring' ich's auf die Bleiche,
Und mit Mühe bück' ich mich
Nach dem nächsten Teiche.

Was ich in dem Kämmerlein
Still und fein gesponnen,
Kommt— wie kann es anders sein?—
Endlich an die Sonnen.

Liebhaber in allen Gestalten.

Gedicht von J. W. v. Goethe.

Für eine Singstimme mit Begleitung des Pianoforte

componirt von

FRANZ SCHUBERT.

Ich wollt' ich wäre Gold,
Dir immer im Sold;
Und thätst du was kaufen,
Käm' ich wieder gelaufen.
Ich wollt' ich wäre Gold,
Dir immer im Sold.

Ich wollt' ich wär' treu,
Mein Liebchen stets neu;
Ich wollt' mich verheissen,
Wollt' nimmer verreisen.
Ich wollt' ich wär' treu,
Mein Liebchen stets neu.

Ich wollt' ich wär' alt
Und runzlig und kalt;
Thätst du mir's versagen,
Da könnt' mich's nicht plagen.
Ich wollt' ich wär' alt
Und runzlig und kalt.

Wär' ich Affe sogleich,
Voll neckender Streich;
Hätt' was dich verdrossen,
So macht' ich dir Possen.
Wär' ich Affe sogleich,
Voll neckender Streich,

Wär' ich gut wie ein Schaf,
Wie der Löwe so brav;
Hätt' Augen wie's Lüchschen,
Und Listen wie's Füchschen.
Wär' ich gut wie ein Schaf,
Wie der Löwe so brav.

Was alles ich wär',
Das gönnt' ich dir sehr;
Mit fürstlichen Gaben
Du solltest mich haben.
Was alles ich wär',
Das gönnt' ich dir sehr.

Doch bin ich wie ich bin,
Und nimm' mich nur hin!
Willst du bess're besitzen,
So lass dir sie schnitzen.
Ich bin nun wie ich bin,
So nimm' mich nur hin!

Schweizerlied

von J. W. v. Goethe.

Für eine Singstimme mit Begleitung des Pianoforte

componirt von

FRANZ SCHUBERT.

Uf d' Wiese	Und da kummt nu
Bin i gange,	Der Hansel,
Lugt' i Summer-	Und da zeig' i
Vögle a;	Em froh,
Hänt gesoge,	Wie sie's mache,
Hänt gefloge,	Und mer lache
Gar z' schön hänt's	Und mache 's
Gethan.	Au so.

Der Goldschmiedsgesell.

Gedicht von J. W. v. Goethe.

Für eine Singstimme mit Begleitung des Pianoforte

componirt von

FRANZ SCHUBERT.

Und thut sie erst die Schaltern auf,
Da kommt das ganze Städtchen
Und feilscht und wirbt mit hellem Hauf
Um's Allerlei im Lädchen.

Ich feile; wohl zerfeil' ich dann
Auch manches goldne Drähtchen.
Der Meister brummt, der harte Mann!
Er merkt, es war das Lädchen.

Und flugs wie nur der Handel still,
Gleich greift sie nach dem Rädchen.
Ich weiss wohl, was sie spinnen will:
Es hofft das liebe Mädchen.

Das kleine Füsschen tritt und tritt;
Da denk' ich mir das Wädchen,
Das Strumpfband denk' ich auch wohl mit,
Ich schenkt's dem lieben Mädchen.

Und nach den Lippen führt der Schatz
Das allerfeinste Fädchen.
O wär' ich doch an seinem Platz,
Wie küsst' ich mir das Mädchen!

Sehnsucht.

Gedicht aus Goethe's „Wilhelm Meister".

Für eine Singstimme mit Begleitung des Pianoforte

componirt von

FRANZ SCHUBERT.

Erste Fassung.

18. October 1815.

Ein - ge - wei - de. Nur wer die Sehn - sucht kennt

weiss, was ___ ich lei - de, nur wer die Sehn - sucht kennt

weiss, ___ was ich lei - de, weiss, was ich lei - - de!

Sehnsucht.

Gedicht aus Goethe's „Wilhelm Meister".

Für eine Singstimme mit Begleitung des Pianoforte
componirt von

FRANZ SCHUBERT.

Zweite Fassung.

18. October 1815.

Sehr langsam, mit höchstem Affekt.

Nur wer die Sehnsucht kennt weiss, was ich lei-de! Al-lein und ab-ge-trennt von al-ler Freu-de, seh' ich an's Fir-ma-ment nach je-ner Sei-te.

Ach! der mich liebt und kennt ist in der Wei-te. Es schwin-delt mir, es brennt mein Ein-ge-wei-de, es brennt mein Ein-ge-wei-de.

Wie oben.

Nur wer die Sehn - sucht kennt

weiss, was ich lei - de, nur wer die Sehn - sucht kennt

weiss, was ich lei - de, der nur weiss, was ich lei - -

de.

Mignon.

Aus Goethe's „Wilhelm Meister".

Für eine Singstimme mit Begleitung des Pianoforte

componirt von

FRANZ SCHUBERT.

23. October 1815.

Singstimme.

Pianoforte.

Mässig.

Kennst du das Land, wo die Ci_tro_nen blühn, im dunk_len Laub die
Kennst du das Haus? Auf Säu_len ruht sein Dach, es glänzt der Saal, es

Gold - O - ran - gen glühn, ein sanf_ter Wind vom
schim_mert das_ Ge_mach, und Mar_mor_bil_der

blau_en Him_mel weht, die Myr_the still und hoch der Lor_beer
stehn und sehn mich an: Was hat man dir, du ar_mes Kind, ge

steht, kennst du es wohl?
than? kennst du es wohl?

Etwas geschwinder.

Da _ hin, da _ hin! _____ da _
Da _ hin, da _ hin! _____ da _

hin möcht' ich mit dir, o mein Ge_lieb_ter, ziehn; da _
hin möcht' ich mit dir, o mein Beschüt_zer, ziehn; da _

hin, _____ da _ hin, da _ hin! da _ hin möcht' ich mit
hin, _____ da _ hin, da _ hin! da _ hin möcht' ich mit

dir, o mein Ge_lieb _ ter, ziehn, da _ hin, da _
dir, o mein Be_schüt _ zer, ziehn, da _ hin, da _

hin, da _ hin, _____ da _ hin! _____
hin, da _ hin, _____ da _ hin! _____

hin!_____ da _ hin geht un _ ser Weg! o Vater, lass' uns

zieh'n! Da _ hin,_____ da _ hin, da _

hin! da _ hin geht un _ ser Weg! o Vater, lass uns

zieh'n! Da _ hin, da _ hin, da _

hin,_____ da _ hin!_____

Harfenspieler.

Aus Goethe's „Wilhelm Meister".

Für eine Singstimme mit Begleitung des Pianoforte

componirt von

FRANZ SCHUBERT.

13. November 1815.

Wer sich der Ein - sam - keit - er - giebt, ach! der - ist bald al - lein, - ach! der ist bald al - lein; - ein je - der lebt, ein je - der liebt, und lässt ihn - sei - ner Pein. - Ja! lasst mich mei - ner Qual! Und kann ich nur ein - mal recht ein - sam sein, dann bin - ich - nicht al - lein. Es schleicht ein Lie - bender

lau_schend sacht, ob sei_ne Freundin al _ lein?__ So ü _ berschleicht bei Tag_und Nacht mich

Ein _ sa_men die Pein,__ mich Ein_sa_men die Qual.__ Ach werd' ich

erst ein_mal ein _ sam im Gra_be sein,__ da lässt__ sie__ mich al_lein, da

lässt__ mich al _ lein,__ da lässt sie mich al _ lein!

Geistes-Gruss.

Gedicht von J.W. v. Goethe.

Für eine Singstimme mit Begleitung des Pianoforte

componirt von

FRANZ SCHUBERT.

Erste Fassung.

1815.

Hoch auf dem al_ten Thur_me steht des Hel_den edler Geist, der, wie das Schiff vor_

ü_bergeht, es wohl zu fah_ren heisst. „Sieh, die_se Senne war so stark, dies

Herz____ so fest und wild, die Kno_chen voll von Rit_termark, der Be_cher an_ge_füllt; mein

hal_bes Le_ben stürmt' ich fort, ver_dehnt' die Hälft' in Ruh, und du, und du, du

Men_schen-Schifflein dort, fahr' im_mer, im_mer zu!"

Geistes-Gruss.

Gedicht von J. W. v. Goethe.

Für eine Singstimme mit Begleitung des Pianoforte
componirt von
FRANZ SCHUBERT.

Zweite Fassung.

Hoch auf dem al_ten Thurme steht des Hel_den ed_ler Geist, der, wie das Schiff vor_

ü_bergeht, es wohl zu fah_ren heisst. „Sieh, die_se Senne war_ so stark, dies

Herz _____ so fest und wild, die Kno_chen voll von Rit_termark, der Be_cher an_ge_füllt; mein

hal_bes Le_ben stürmt' ich fort, ver_dehnt' die Hälft' in Ruh, und du, und du, du

Men_schen-Schifflein dort, fahr' im_mer, im_mer zu!"

Geistes-Gruss.

Gedicht von J. W. v. Goethe.

Für eine Singstimme mit Begleitung des Pianoforte

componirt von

FRANZ SCHUBERT.

Dritte Fassung.

Hoch auf dem al_ten Thurme steht des Hel_den ed_ler Geist, der, wie das Schiff vor_

ü_bergeht, es wohl zu fah_ren heisst. „Sieh, die_ se Sen_ne war_ so stark, dies

Herz____ so fest und wild, die Kno_chen voll von Rit_termark, der Be_cher an_ge_füllt; mein

hal_bes Le_ben stürmt' ich fort, ver_dehnt' die Hälft' in Ruh, und du, und du, du

Men_schen-Schifflein dort, fahr' im_mer, im_mer zu!"

Geistes-Gruss.

Gedicht von J. W. v. Goethe.

Für eine Singstimme mit Begleitung des Pianoforte

componirt von

FRANZ SCHUBERT.

Vierte Fassung.

Op. 92. № 3.

Frau Josephine von Frank gewidmet.

Hoch auf dem alten Thurme steht des Hel_den ed_ler Geist, der, wie das Schiff vor_ü_bergeht, es wohl zu fah_ren heisst.

„Sieh, die_se Senne war_so stark, dies Herz____ so fest und wild, die Kno_chen voll von Rittermark, der Becher an_ge_füllt; mein hal_bes Le_ben stürmt'ich fort,____ver_dehnt' die Hälft' in Ruh, und du, und du, du Menschen-Schifflein dort, fahr' im_mer, immer zu!"

Hoffnung.

Gedicht von J.W. v. Goethe.

Für eine Singstimme mit Begleitung des Pianoforte
componirt von

FRANZ SCHUBERT.

Erste Fassung.

1815.

Hoffnung.

Gedicht von J. W. v. Goethe.

Für eine Singstimme mit Begleitung des Pianoforte
componirt von

FRANZ SCHUBERT.

Zweite Fassung.

An den Mond.

Gedicht von J.W. v. Goethe.

Für eine Singstimme mit Begleitung des Pianoforte

componirt von

FRANZ SCHUBERT.

1815.

Fül_lest wie_der Busch und Thal_ still mit Ne_belglanz, lö_sest end_lich auch ein_
Je_den Nachklang fühlt mein Herz_ froh-und trü_ber Zeit, wand_le zwi_schen Freud' und

mal meine See_le ganz;
Schmerz in der Einsam_keit.

brei_test ü_ber mein Ge_fild_ lin_dernd
Flie_sse, flie_sse, lie_ber Fluss! Nim_mer

dei_nen Blick, wie des Freundes Au_ge mild ü_ber mein_ Ge_schick.
werd' ich froh, so ver_rauschte Scherz und Kuss, und die Treu_e so.

Ich be _ sass es doch ein _ mal, _ was so köst _ lich ist! Dass man doch zu sei _ ner

Qual nimmer es ver _ gisst! _ Rausche, Fluss, das Thal ent _

lang, _ oh _ ne Rast und oh _ ne Ruh, rau _ sche, flü _ _ stre mei _ nem

Sang _ Me _ lo _ die _ _ en zu, wenn du in der Win _ ternacht wü _ thend

cresc.

ü _ berschwillst, o _ der um die Frühlingspracht jun _ ger Knospen quillst.

Se _ lig, wer sich vor der Welt _ oh _ ne Hass verschliesst, ei _ nen Freund am Bu _ sen

hält und mit dem ge _ niesst, was, von Men _ schen nicht ge _ wusst o _ der nicht be _ dacht, durch das

La _ byrinth der Brust wan _ _ delt in der Nacht, wan _ _ delt in der Nacht.

Rastlose Liebe.

Gedicht von J. W. v. Goethe.

Für eine Singstimme mit Begleitung des Pianoforte

componirt von

FRANZ SCHUBERT.

Op. 5. N? 1.

Anton Salieri gewidmet.

1815.

Le _ bens, Glück oh _ ne Ruh, Lie _ be bist du, o

Lie _ be, bist du, o Lie _ _ _ _ _ _ _ _ _ _

_ _ _ _ _ _ be, ___ Lie _ be, bist du!

Erlkönig.

Ballade von J. W. v. Goethe.

Für eine Singstimme mit Begleitung des Pianoforte

componirt von

FRANZ SCHUBERT.

Erste Fassung.

1815.

Kind; er hat den Kna—ben wohl in dem Arm, er

fasst ihn si—cher, er hält ihn warm.

Mein Sohn, was birgst du so bang dein Ge—sicht? Siehst,

Va—ter, du den Erl—kö—nig nicht? den

Er—len—kö—nig mit Kron' und Schweif? Mein Sohn, es

ist ein Ne-belstreif. „Du lie- bes Kind, komm, geh mit mir! gar schö- - ne Spie- le spiel'__ ich mit dir; manch bun- - te Blu- - men sind an dem Strand; meine Mut-ter hat manch gül- - den Ge-wand." Mein

Va _ ter, mein Va _ ter, und siehst du nicht dort Erl _ kö _ nigs Töchter am dü _ stern

Ort? Mein Sohn, mein Sohn, ich seh' es ge _ nau; es

scheinen die al _ ten Wei _ den so grau.

Ich lie _ be dich, mich reizt deine schöne Ge _ stalt; und bist du nicht wil _ lig, so

brauch' ich Ge _ walt. Mein Va _ ter, mein Va _ ter, jetzt fasst er mich an!

Immer geschwinder.

Erl _ kö _ nig hat mir ein Leids ge _ than!   Dem

Va _ _ ter grau _ set's, er rei _ tet ge _ schwind, er hält in

Ar _ men das äch _ zen _ de Kind,   er _ reicht den

Recit.

Hof mit Müh' und Noth;   in seinen Armen das Kind war todt.

Erlkönig.

Ballade von J. W. v. Goethe.

Für eine Singstimme mit Begleitung des Pianoforte

componirt von

FRANZ SCHUBERT.

Zweite Fassung.

sei_nem Kind; er hat den Kna_ben wohl in dem Arm, er

fasst ihn si_cher, er hält ihn warm.

Mein Sohn, was birgst du so bang dein Ge_sicht? Siehst,

Va_ter, du den Erl_kö_nig nicht? Den

Er_len_kö_nig mit Kron' und Schweif? Mein

Sohn, es ist ein Ne _ belstreif. "Du

decresc.

lie _ bes Kind, komm, geh mit mir! gar

_pp_

schö _ ne Spie _ le spiel' ich mit dir; manch

bun _ _ _ te Blu _ men sind an dem

Strand; meine Mut _ ter hat manch gül _ _ _ den Ge _ wand". Mein

_f_

Va_ter, mein Va_ter, und hö_rest du nicht, was Er_len_kö_nig mir lei _ se ver_

spricht? Sei ruhig, bleibe ruhig, mein Kind, in dürren Blättern säuselt der

Wind. „Willst fei _ ner_ Kna_ be du mit mir gehn, meine Töch _ ter sol _ len dich

war _ ten schön; meine Töch _ ter_ füh _ ren den nächt _ lichen Reihn, und wie _ gen und tan _ zen und

sin _ gen dich ein, und wie _ gen und tan _ zen und sin _ gen dich ein." Mein

Erl – kö – nig hat mir ein Leids ge – than! Dem

Va – ter grau – set's, er rei – tet ge–schwind, er hält in

Ar – men das äch – zen – de Kind, er –

reicht den Hof mit Müh' und Noth; in seinen Armen das Kind war todt.

Erlkönig.

Ballade von J. W. v. Goethe.

Für eine Singstimme mit Begleitung des Pianoforte

componirt von

FRANZ SCHUBERT.

Dritte Fassung.
Mit leichterer Begleitung.

Wer rei_tet so spät durch Nacht und Wind? Es

ist der Va_ter mit sei_nem Kind; er hat den Kna_ben wohl in dem

Arm, er fasst ihn si_cher, er hält ihn warm.

Mein Sohn, was birgst du so bang dein Ge_sicht?

Siehst, Va _ ter, du den Erl_kö_nig nicht? den

Er _ len _ kö _ nig, mit Kron' und Schweif? Mein Sohn, es ist ein Ne_belstreif.

„Du lie _ bes Kind, komm, geh mit mir! gar

schö _ ne Spie _ le spiel' _ ich mit dir; manch bun _ _ te Blu _ men sind

an dem Strand, meine Mut _ ter hat manch gül _ _ den Gewand". Mein Va _ ter, mein

Va _ ter, und hö _ rest du nicht, was Er _ len _ kö _ nig mir lei _ se verspricht? Sei

ruhig, bleibe ruhig, mein Kind; in dürren Blättern säuselt der Wind. „Willst,

fei _ ner Kna _ be, du mit mir gehn? meine Töch _ ter sol _ len dich war _ ten schön; meine

Töch - ter— füh - ren den nächt - lichen Reihn; und wie - gen und tan - zen und sin - gen dich ein, und

wie - gen und tan - zen und sin - gen dich ein". Mein Vater, mein Va - ter, und siehst du nicht

dort Erl - kö - nigs Töchter am düstern Ort? Mein Sohn, mein

Sohn, ich seh' es ge - nau; es scheinen die al - ten Wei - den so grau.

„Ich lie - be dich, mich reizt dei - ne schö - ne Ge - stalt; und

bist du nicht wil _ lig, so brauch' ich Ge _ walt! Mein Va _ ter, mein Va _ ter, jetzt

fasst er mich an, Erl _ kö _ nig hat mir ein Leid's ge _ than!

Dem Va _ ter grau _ set's, er rei _ tet geschwind, er hält in

Ar _ men, das äch _ zen _ de Kind, er reicht den

Recit.

Hof mit Müh' und Noth; in seinen Ar _ men das Kind war todt.

Mässig.

Erlkönig.

Ballade von J. W. v. Goethe.

Für eine Singstimme mit Begleitung des Pianoforte
componirt von

FRANZ SCHUBERT.

Vierte, endgiltige Fassung.

Op. 1.

Moriz Grafen von Dietrichstein gewidmet.

Kind; er hat den Kna _ ben wohl in dem Arm, er fasst ihn

sicher, er hält ihn warm. Mein

Sohn, was birgst du so bang dein Ge_sicht? Siehst, Va _ ter,

du den Erl_kö_nig nicht? den Er _ len_

kö_nig mit Kron' und Schweif? Mein Sohn, es ist ein

Ne_belstreif. „Du lie_ _ _bes Kind, komm,

geh mit mir! gar schö_ _ne Spie_ le

spiel'_ _ich mit dir; manch bun_ _ _te Blu_ men sind

an dem Strand; mei_ne Mut_ _ter hat__ manch'

gül_ _ _den Ge_wand". Mein Va_ter, mein Va_ter, und hö_ rest du

nicht, was Er_len_könig mir·lei _ se verspricht? Sei ru_hig, bleibe

ru_hig, mein Kind; in dür·ren Blättern säu_selt der Wind. „Willst,

fei _ ner__ Kna _ be, du mit mir gehn? mei_ne Töch _ ter sol _ len dich

war _ ten schön; mei_ne Töch _ ter__ füh _ ren den nächt _ li_chen Reihn, und

wie _ gen und tan _ zen und sin _ gen dich ein, sie wie _ gen und tan _ zen und sin _ gen dich ein".

119

Harfenspieler. I.

Aus Goethe's „Wilhelm Meister".

Für eine Singstimme mit Begleitung des Pianoforte

componirt von

FRANZ SCHUBERT.

Ursprüngliche Fassung.

September 1816.

ein - - - sam sein, dann bin ich nicht al -

lein. Es schleicht ein Lie - bender, lau - - schend sacht, ob

sei - - ne Freun - din al - lein? So ü - - berschleicht bei

Tag und Nacht mich Ein - sa - men die Pein, mich Ein - sa - men die

Qual. Ach werd' ich erst ein - mal ein - sam im Gra - be

sein, da lässt sie mich al - lein, da lässt sie mich al -

lein. Ach werd' ich erst ein - mal ein - sam im Gra - be

sein, da lässt sie mich al - lein, da

lässt sie mich al - lein.

Harfenspieler. II.

Aus Goethe's „Wilhelm Meister".

Für eine Singstimme mit Begleitung des Pianoforte

componirt von

FRANZ SCHUBERT.

Ursprüngliche Fassung.

September 1816.

An die Thü_ren will ich schleichen, fromm und sitt_sam will ich steh'n,___ from_me Hand wird Nah_rung rei_chen, und___ ich wer_de wei_ter gehn,___ ich wer_de wei_ter

Harfenspieler. III.

Aus Goethe's „Wilhelm Meister".

Für eine Singstimme mit Begleitung des Pianoforte

componirt von

FRANZ SCHUBERT.

September 1816.

Wer nie_ sein Brod mit Thrä_nen ass, wer nie_ die kum_mer_
Ihr führt in's Le_ben uns_ hin_ein, ihr lasst_ den Ar_men

vol_len Näch_te auf sei_nem Bet_te wei___nend
schul_dig wer_den, dann ü_ber_lasst_ ihr ihn der_

sass,_____ der kennt euch nicht, ihr himm_li_schen Mäch_te, ihr
Pein:_____ denn al_le Schuld rächt sich_____ auf Er_den, rächt

himm_li_schen Mäch_te.
sich_____ auf Er_den.

Harfenspieler.

Aus Goethe's „Wilhelm Meister".

Für eine Singstimme mit Begleitung des Pianoforte

componirt von

FRANZ SCHUBERT.

September 1816.

Gesänge des Harfners

aus „Wilhelm Meister" von Goethe.

Für eine Singstimme mit Begleitung des Pianoforte

componirt von

FRANZ SCHUBERT.

Op. 12.

Bischof Joh. Nep. Ritter von Dankesreither gewidmet.

I.

September 1816.

Wer sich der Ein-samkeit er-gibt, ach, der ist bald al - lein; ein je - der lebt, ein je - der liebt, und lässt ihn sei - ner Pein. Ja, lasst mich mei - ner Qual! Und kann ich nur ein-mal recht

II.

Wer nie sein Brod mit Thrä_nen ass, wer nie die kummer_vol_len

Näch_te auf sei_nem Bet_te wei_nend sass, der kennt euch nicht, ihr

himm_lischen Mäch_te.

Wer nie sein Brod mit Thrä_nen ass, wer nie___ die kummervol_len

ligato

Näch_te auf sei_nem Bet_te wei_nend sass, der kennt euch nicht, ihr

cre_scen___do__

himm__lischen Mäch____te.

f *p* *pp*

dimin.

Ihr

führt in's Le ben uns hin ein, ihr lasst den Ar men schul dig wer den, dann

ü ber lasst ihr ihn der Pein: denn al le Schuld

cre scen do

rächt sich auf Er den. Ihr

f *pp*

führt in's Le ben uns hin ein, ihr lasst den Ar men schuldig wer den, dann

III.

Mässig, in gehender Bewegung.

An die Thü - ren will ich schleichen, still und sitt - sam will ich stehn;— from - me Hand wird Nah - rung rei - chen, und ——— ich wer - de wei - ter gehn, ——— ich—

wer _ de wei _ ter gehn. _

Je _ _ der wird _ sich _ glück _ lich schei _ nen, wenn mein

pp   *fp*

Bild vor ihm _____ er _ scheint; _ ei _ ne Thrä _ ne wird er _

wei _ nen, und _____ ich weiss nicht was er weint, _____ ich _ weiss nicht was er

fp   *fp*

weint.

Lied der Mignon

aus Goethe's „Wilhelm Meister".

Für eine Singstimme mit Begleitung des Pianoforte

componirt von

FRANZ SCHUBERT.

September 1816.

Lied der Mignon

aus Goethe's „Wilhelm Meister".

Für eine Singstimme mit Begleitung des Pianoforte

componirt von

FRANZ SCHUBERT.

1816.

schwindelt mir, es brennt mein Ein _ ge _ wei _ de, es

brennt _____ mein Ein _ ge _ wei _ de.

Nur wer die Sehn _ sucht kennt weiss, was ich lei _ de, nur wer die

Sehn _ sucht kennt weiss, was ich lei _ _ de, nur wer _ die

Sehn _ sucht kennt weiss, was ich lei _ _ de!

Der König in Thule.

Ballade von J. W. v. Goethe.

Für eine Singstimme mit Begleitung des Pianoforte

componirt von

FRANZ SCHUBERT.

Op. 5. № 5.

Anton Salieri gewidmet.

1816.

Jägers Abendlied.

Von J.W. v. Goethe.

Für eine Singstimme mit Begleitung des Pianoforte

componirt von

FRANZ SCHUBERT.

Op. 3. № 4.

Ignaz Edlen von Mosel gewidmet.

1816.

Im Fel _ _ de schleich' ich still und wild, ge
wan' _ _ delst jetzt wohl still und mild, durch
ist es, denk' ich nur an_ dich, als_

spannt mein Feu _ _ er rohr. Da schwebt so licht dein lie _ bes Bild,
Feld und lie _ _ bes Thal, und ach mein schnell ver rau _ schend Bild,
in den Mond zu_ seh'n; ein stil _ ler Frie _ de kommt auf mich,

dein sü _ sses Bild mir_ vor, dein sü _ sses Bild_ mir vor. Du
stellt sich dir's nicht ein _ mal? stellt sich dir's nicht_ ein _ mal? Mir
weiss nicht wie mir ge _ scheh'n, weiss nicht wie mir_ ge _ scheh'n.

An Schwager Kronos.

Gedicht von J. W. v. Goethe.

Für eine Singstimme mit Begleitung des Pianoforte

componirt von

FRANZ SCHUBERT.

Op. 19. № 1.

Dem Dichter gewidmet.

1816.

Frisch, holpert es gleich, ü_ber Stock und Stei_ne den Trott rasch in's Le_ben hin_ein, rasch in's Le_ben hin_ein! Nun____ schon wie_der den er_ath_men_den Schritt, nun____ schon wie_der müh_sam Berg hin_auf! Auf denn, nicht trä_ge denn, strebend und hoffend hin_an! Weit, hoch, herr_lich rings den Blick____ in's

Le _ ben hin _ ein, vom Ge _ birg' zum Ge _ birg' schwebet der

e _ wi _ ge Geist, e _ wi _ gen Le _ bens ahn _ de _

voll. Seit _ wärts des Ü _ ber _ dachs

Schat _ ten zieht dich an, zieht dich an,

und ein Fri _ schung ver _ hei _ ssen der Blick auf der

Schwel _ le des Mäd _ chens da.

La _ be

dich, la _ be dich! ___ Mir auch, _____ Mäd_chen, die _ sen

schäu _ men_den Trank, die_sen fri _ schen Ge _ sund _ _heits_blick!

cresc.

Ab denn, rascher hin _ ab! Sieh, die Son _ ne sinkt!

ff

Eh' sie sinkt, eh' _____ mich Grei _ sen er _ greift im Moo _ re

p

Trab, tö ne, Schwager, in's Horn, rass le den schal len den

Trab, dass der Or kus ver neh me: wir kom men, dass

gleich an der Thür der Wirth uns freund lich em-

pfan ge.

Auf dem See.

Gedicht von J. W. v. Goethe.

Für eine Singstimme mit Begleitung des Pianoforte

componirt von

FRANZ SCHUBERT.

Erste Bearbeitung.

März 1817.

gold _ ne Träu _ me, kehrt _____ ihr wie _ der?

Weg, du Traum! so_ Gold du bist; _____ hier auch Lieb' und Le _ ben ist,

hier auch Lieb' und Le _ ben ist.

Etwas geschwind, lieblich.

Auf der Wel _ le blin _ ken

tau _ send schwe_bende Ster _ _ ne, wei _ che Ne _ bel trin _ ken

rings die thür_mende Fer _ _ ne; Mor _ genwind um _ flü _ gelt die be _ schat _

Auf dem See.

Gedicht von J. W. v. Goethe.

Für eine Singstimme mit Begleitung des Pianoforte

componirt von

FRANZ SCHUBERT.

Zweite Bearbeitung.

Op. 92. № 2.

Frau Josephine von Frank gewidmet.

Aug, mein Aug', was sinkst du nie-der? Gold - - ne

Träu - me, kommt _____ ihr wie - der?

Weg, du Traum! so_ Gold du bist; hier auch Lieb' und Le - ben ist,

hier auch Lieb' und Le - ben ist. Auf der Wel - le

158

Ganymed.

Gedicht von J. W. v. Goethe.

Für eine Singstimme mit Begleitung des Pianoforte

componirt von

FRANZ SCHUBERT.

Op. 19. № 3.

Dem Dichter gewidmet.

März 1817.

drängt deiner e _ _ wigen Wär _ me hei _ _ lig Ge _

fühl, un _ end _ _ li _ che Schö _ _ ne!

Dass ich dich fas _ sen möcht' in die _ sen Arm!_____ Ach, an dei _ nem

Bu _ sen lieg' ich, und schmach _ te, und dei _ _ ne

Blu _ _ men, dein Gras drän _ gen sich an _ _ mein Herz.

Du kühl'st den bren _ nenden Durst

mei _ nes Busens, lieb _ li _ cher Mor _ gen _ wind!

Ruft drein die Nach _ ti _ gall lie _ bend nach mir aus dem

Ne _ bel _ thal.

Ich komm'! ich kom_me! ach! wo_hin, ___ wo_hin? ___ Hin _ auf strebt's, hin_auf! Hin _ auf strebt's, hin_auf! Es schwe_ben die Wol_ken ab _ wärts, die Wol_ken nei_gen sich der seh_nen_den Lie_be. Mir! Mir! In eurem Schoo_sse auf_wärts! Um_fan_gend umfan_gen!

Auf-wärts an dei-nen Bu-sen, all-lie-bender Va-ter! Die

Wol-ken nei-gen sich der seh-nen-den Lie-be. Mir! Mir! In

eu-rem Schoosse auf-wärts! Um-fan-gend umfan-gen! Auf-wärts an dei-nen

Bu-sen, all-lie-bender Va-ter, all-

lie-ben-der Va-ter!

Die Liebende schreibt.

Gedicht von J. W. v. Goethe.

Für eine Singstimme mit Begleitung des Pianoforte

componirt von

FRANZ SCHUBERT.

In A dur erschienen als Op.165. № 1.

October 1819.

Ein Blick von dei-nen Au-gen in die mei-nen, ein Kuss von dei-nem Mund auf meinem Mun-de, wer da-von hat, wie ich, ge-wis-se Kun-de, mag dem was anders wohl er-freu-lich scheinen?

Entfernt von dir, ent _ frem _ det von den Mei _ nen,

führ'ich stets die Ge_dan _ ken in_ die Run _ de,

und ___ im _ mer tref _ fen sie auf je _ ne Stun _ de, die ein_zi_ge; da

cresc.

fang'ich an zu wei _ nen. Die Thrä _ ne trock _ net

Etwas bewegter.

wie _ der un _ ver _ se_hens: er liebt ja,denk' ich,her in die _ se

Stil - le, und soll - test du nicht in die Fer - ne rei - chen? Ver-

nimm das Lis - peln die - ses Lie - be - we - hens; mein ein - zig Glück auf

Er - den ist dein Wil - le, dein freund - licher, zu mir, mein

ein - zig Glück, dein Wil - le zu mir, mein ein - zig Glück;

gieb mir ein Zei - chen!

Prometheus.

Gedicht von J. W. v. Goethe.

Für eine Bassstimme mit Begleitung des Pianoforte

componirt von

FRANZ SCHUBERT.

October 1819.

Be _ decke deinen Himmel, Zeus, __ mit Wol _ kendunst,

und ü _ be, dem Knaben gleich, der Di _ steln köpft, an Ei _ chen dich

und Ber _ ges _ höh'n; musst mir meine Er _ de doch lassen steh'n,

und meine Hütte, die du nicht ge‿baut, und meinen Herd, um dessen

Gluth du mich be‿nei‿dest. Ich kenne nichts Ärmeres unter der Sonn', als euch, Götter!

Etwas langsamer.

Ihr nährt kümmer‿lich vom Opfersteuern und Gebets‿haucheure Ma‿je‿stät, und

darb‿tet, wären nicht Kinder und Bettler hoffnungsvol‿le‿ Tho‿ren.

Da ich ein Kind war, nicht wusste wo aus noch ein, kehrt'ich mein ver‿irr‿tes Au‿ge zur Son‿ne,

Wü_sten flie_hen, weil nicht al _ le Blü_then_träu_me reif_ten?

Kräftig.

Hier sitz' ich, forme

Menschen nach meinem Bil_de, ein Ge _ schlecht, das mir gleich sei, zu lei _ den, zu

wei _ nen, zu ge _ nie _ ssen und zu_ freu_en sich, und dein nicht zu ach_ten,

wie ich, dein nicht zu ach_ten, wie ich!

Versunken.

Gedicht aus Goethe's west-östlichem Divan.

Für eine Singstimme mit Begleitung des Pianoforte
componirt von

FRANZ SCHUBERT.

Februar 1821.

Voll Lo_cken_kraus ein Haupt so_rund, voll Lo_cken kraus ein Haupt so_rund! Und darf ich dann in sol_chen rei_ _chen Haa_ren_

mit vol – len Hän – den hin und wieder fah – ren, da fühl' ich

mich _____ von Her – – zens – grund _____

ge – sund.   Und _

küss' ich Stir – ne, _ Bo – gen, Au – ge, _ Mund,

dann bin ich frisch _____ und im – mer wie – der

wund, dann bin ich frisch _____ und im - mer wie - der

wund, _____ und _____ im - mer wie - der wund.

Der fünf - gezack - te Kamm, wo sollt' er

sto - cken? Er kehrt schon wie - der zu den

Lo - - cken. Das

Geheimes.

Gedicht aus Goethe's west-östlichem Divan.

Für eine Singstimme mit Begleitung des Pianoforte

componirt von

FRANZ SCHUBERT.

Op. 14. No 2.

Franz von Schober gewidmet.

März 1821.

Etwas geschwind, zart.

Singstimme. Ü_ber meines Liebchens

Pianoforte. Mit Verschiebung. sempre pp fp fp pp pp

Äu_geln stehn ver _ wun _ dert al _ le Leu_te; ich, der Wis _ sen_

de, da _ ge _ gen weiss recht gut, was das be_deu_te,

weiss recht gut, _ was das be _ deu _ _ te.

ppp f p fp fp pp

Denn es heisst: Ich lie_be die_sen, und nicht et_wa den und je_nen.

Las_set nur, ihr gu_ten Leute, eu_er Wundern, eu_er_ Seh_ _nen!

Ja, mit un_ge_heu_ren Mächten bli_cket sie wohl in die Runde; doch

sie sucht nur zu ver_kün_ _den ihm die näch_ste sü_sse Stunde,

ihm die näch_ ste sü_sse Stun_ _de.

Grenzen der Menschheit.

Gedicht von J.W. v. Goethe.

Für eine Bassstimme mit Begleitung des Pianoforte
componirt von

FRANZ SCHUBERT.

März 1821.

de; nirgends haften dann die un_sichern Sohlen, und mit ihm spielen Wolken und

Win_de.

Steht er mit

fe_sten mar_kigen Knochen auf der wohlge_gründeten dau_ern_den Er_de:

reicht er nicht auf, nur mit der Ei_che o_der der Re_be sich zu ver_

glei_chen.

Was un_ter_schei_det Göt_ter von Men_schen? Dass

viele Wellen vor jenen wandeln, ein ewiger Strom: uns

hebt die Welle, verschlingt die Welle, und wir versinken, und wir versinken.

Ein kleiner Ring begrenzt unser Leben, und

viele Geschlechter reihen sich dauernd an ihres Daseins un-

endliche Kette, an ihres Daseins unendliche Kette.

Mignon I.

Gedicht aus Goethe's „Wilhelm Meister".

Für eine Singstimme mit Begleitung des Pianoforte
componirt von

FRANZ SCHUBERT.

April 1821.

Heiss mich nicht re_den, heiss mich schweigen, denn mein Ge _ heim _ niss ist mir Pflicht; ich möch _ te dir __ mein gan _ zes Inn _ re zei _ gen, al _ lein das Schick _ sal will es __ nicht.

Zur rech_ten Zeit ver _ treibt der Son_ne Lauf die finst _ re Nacht, und

sie muss sich er_hel_len; der har_te Fels schliesst seinen Bu_sen auf, miss_

gönnt der Er_de nicht die tief verborgnen Quel_len. Ein Je_der

sucht im Arm des Freundes Ruh, dort kann die Brust in Kla_gen sich er_gie_ssen; al_

lein ein Schwur drückt mir die Lippen zu, und nur ein Gott ver_mag sie auf_zu_schlie_

ssen, und nur ein Gott ver_mag sie auf_zu_schlie_ssen.

Mignon II.

Gedicht aus Goethe's „Wilhelm Meister".

Für eine Singstimme mit Begleitung des Pianoforte
componirt von

FRANZ SCHUBERT.

April 1821.

las_se dann die reine Hül_le, den Gür_tel und den Kranz zu_rück, ich las_se dann die rei_ne

Hül_le, den Gür_tel und den Kranz zu_rück. Und je_ne himmlischen Ge_

stal_ten sie fra_gen nicht nach Mann und Weib, und kei_ne Kleider, kei_ne Fal_ten um_

ge_ben den ver_klär_ten Leib, und kei_ne Klei_der, kei_ne Fal_ten um_ge_ben den ver_

klär_ten Leib. Zwar lebt' ich oh_ne Sorg' und Mü_he, doch

fühlt' ich tie_fen Schmerz ge_nung. Vor Kum_mer al_tert' ich zu frü_he, macht

mich auf e_wig wie_der jung; vor Kum_mer al_tert' ich zu frü_he, macht

mich auf e_wig wie_der jung.

Suleika I.

Gedicht aus Goethe's west-östlichem Divan.

Für eine Singstimme mit Begleitung des Pianoforte

componirt von

FRANZ SCHUBERT.

Op. 14. № 1.

Franz von Schober gewidmet.

1821.

Was be _ deu _ _ tet die Be _ we _ gung?

Bringt der Ost mir fro _ he Kun _ de? Sei _ _ ner

Schwin _ gen fri_sche Re _ gung kühlt des Her _ zens tie _ fe Wun _ de,

tau _ _ send Küs _ _ se.

Und so kannst du wei _ ter zie _ hen! Die _ ne

Freun _ den und Be _ trüb _ ten. Und so kannst du wei _ ter zie _ hen! Die _ ne

Freun _ den und Be _ trüb _ ten. Dort, dort, wo

ho _ he Mauern glü _ hen, dort, find' ich bald den Viel ge _

lieb _ _ _ _ ten.

Etwas langsamer.

Ach, die wah _ _ re Herzens_kun _ de, Lie_bes_hauch, er_frischtes

Le _ ben, wird mir nur aus seinem Mun _ de, kann mir nur sein Athem ge _ ben, sein Athem

Suleika II.

Gedicht aus Goethe's west-östlichemDivan.

Für eine Singstimme mit Begleitung des Pianoforte
componirt von

FRANZ SCHUBERT.

Op. 31

Frau Anna Milder gewidmet.

1821.

Ach, um dei ne feuch ten Schwin gen,

West, wie sehr ich dich be nei de: denn du kannst ihm

Kun de bringen, was ich in der Tren nung

lei de, denn du kannst ihm Kun de bringen,

was ich in der Tren _ _ _ nung lei _ de!

Die Be _ we _ gung dei _ ner _

Flü _ gel weckt im _ Bu _ sen stil _ _ _ les _ Seh _ _

nen; Blu _ men, Au _ en, Wald und _ Hü _ gel stehn bei _

dei _ nem Hauch _____ in _ Thrä _ _ nen,

Blu – men, Au – en,— Wald und— Hü – gel stehn bei
dei – nem Hauch in— Thrä – nen, stehn bei dei – nem— Hauch
— in Trä – – – – nen.
Doch dein mil – des,
sanf – tes— We – hen kühlt die wun – den Au – gen – li – der;

Der Musensohn.

Gedicht von J. W. v. Goethe.

Für eine Singstimme mit Begleitung des Pianoforte

componirt von

FRANZ SCHUBERT.

Ursprüngliche Fassung.

December 1822.

Flü _ gel und treibt durch Thal und Hü _ gel den Lieb_ling weit von Haus, ___ den

Liebling weit von Haus.   Ihr lie_ben, hol_den Mu _ sen, wann ruh' ich ihr am Bu _ sen auch

end_lich wie_der aus, ___ wann ruh' ich ihr am Bu _ sen auch end_lich wie_der aus?

cresc.

p   *fp*

fp   *fp*   *fp*   *decresc.*   *fz*

Der Musensohn.

Gedicht von J. W. v. Goethe.

Für eine Singstimme mit Begleitung des Pianoforte
componirt von

FRANZ SCHUBERT.

Spätere Fassung.

Op. 92. № 1.

Frau Josephine von Frank gewidmet.

Feld und Wald zu schwei_fen, mein Liedchen weg_zu_pfei_fen, so geht's von Ort zu Ort,
Wei_te, auf Ei_ses Läng' und Brei_te, da blüht der Win_ter schön,

geht's von Ort zu Ort! Und nach dem Tak_te re_get, und nach dem Mass be_we_get sich
blüht der Winter schön! Auch die_se Blü_the schwin_det, und neu_e Freu_de fin_det sich

Al_les an mir fort, ___ und nach dem Mass be_we_get sich Al_les an mir fort.
auf be_bau_ten Höhn, ___ und neu_e Freu_de fin_det sich auf be_bau_ten Höhn.

Ich
Denn

kann sie kaum er_war_ten, die er_ste Blum' im Gar_ten, die er_ste
wie ich bei der Lin_de das jun_ge Völk_chen fin_de, so_gleich er_

Blüth' am __ Baum.
reg' ich __ sie.

Sie grü_ssen mei_ne Lie_der, und
Der stum_pfe Bur_sche bläht sich, das

kommt der Win_ter wie_der, sing' ich noch je_nen __ Traum, sing' ich _ noch
stei_fe Mädchen dreht sich nach mei_ner Me_lo_die, nach mei_ner,

An die Entfernte.

Gedicht von J. W. v. Goethe.

Für eine Singstimme mit Begleitung des Pianoforte

componirt von

FRANZ SCHUBERT.

December 1822.

So hab' ich wirk_lich dich ver_lo_ren? Bist du, o Schö_ne, mir ent_floh'n, bist du, o Schö_ne, mir ent_floh'n? Noch klingt in den gewohnten Oh_ren ein je_des Wort, ein je_der Ton. So wie des Wandrers Blick am Mor_gen ver_ge_bens in die Lüf_te dringt, wenn,

Geschwinder.

in dem blauen Raum ver‿bor‿gen, hoch ü‿ber ihm die Ler‿che singt: so drin‿get ängstlich hin und

cresc.

Wie oben.

wie‿der durch Feld und Busch und Wald mein Blick;__ dich ru‿fen al‿le, al‿le mei‿ne

fp *p*

Lie‿der; o komm, Ge‿lieb‿te, mir zu‿rück, o__ komm, Ge‿lieb‿te, mir zu‿

rück! Dich ru‿fen al‿le, al‿le mei‿ne Lie‿der; o__ komm, o

fp *fp* *fp*

komm, Ge‿lieb‿te, mir __ zu‿rück!

pp *fp* *ppp*

Am Flusse.

Gedicht von J. W. v. Goethe.

Für eine Singstimme mit Begleitung des Pianoforte

componirt von

FRANZ SCHUBERT.

December 1822.

Ver _ flie _ _ sset, viel _ ge_lieb_te Lie _ der, zum Mee _ _ re_der Ver _ ges _ sen_heit! Kein Kna _ be sing' ent _ zückt euch wie_der, kein Mäd_chen in der_Blü_then_

zeit. Ihr san — — — get nur von mei — ner Lie — ben; nun

spricht sie mei — ner Treue Hohn. Ihr wart ins Was — ser ein — ge —

schrie — ben, so fliesst denn auch mit ihm da — von, so fliesst denn auch mit ihm da —

von.

dimin.

Willkommen und Abschied.

Gedicht von J. W. v. Goethe.

Für eine Singstimme mit Begleitung des Pianoforte

componirt von

FRANZ SCHUBERT.

Erste Fassung.

December 1822.

da, wo Fin _ sterniss aus dem Ge _ sträu _ _ che mit hundert schwarzen Augen

sah, mit hun _ dert schwarzen Au _ gen sah, Der

Mond von ei _ nem Wolken _ hü _ gel sah kläg _ lich aus dem Duft hervor, die

Win _ de schwangen lei _ se Flü _ gel, um _ saus _ ten schau _ erlich mein Ohr;

die Nacht schuf tausend Un _ ge _ heu _ er; doch frisch, und fröh _ lich war mein

mich; _____ ganz war mein Herz an dei _ ner Sei _ te

und je_der A _ them_zug für dich, _____ und je_der A _ them_zug für

dich, _____ und je_der A _ them_zug für dich. Ein ro _ sen_

farbnes Frühlings _ wet _ ter um _ gab das lieb _ liche Ge _ sicht, und

Geschwinder.   **Langsam.**

Zärt _ lichkeit für mich, für mich _ ihr Göt_ter! Ich hofft' es,

ich verdient' es nicht! Ihr Göt — ter! Ich hofft' es, ich verdient' es

Tempo I.

nicht! Doch ach, schon mit der Mor — gen — son — ne

verengt der Ab — schied mir das Herz: in deinen Küs — sen wel — che —

Won — ne! in deinem Au — ge, wel — cher Schmerz! Ich

ging, du standst und sahst zur Er — den, und sahst mir nach mit nassem

Willkommen und Abschied.

Gedicht von J. W. v. Goethe.

Für eine Singstimme mit Begleitung des Pianoforte

componirt von

FRANZ SCHUBERT.

Zweite Fassung.

Op. 56. № 1.

Seinem Freunde Carl Pinterics gewidmet.

Fin ─ sterniss aus dem Ge ─ sträu ─ che mit hun ─ dert schwarzen Augen sah, mit

hundert schwarzen Augen sah. Der Mond von

ei ─ nem Wol ─ ken ─ hü ─ gel sah kläg ─ lich aus dem Duft her ─ vor; die

Win ─ de schwangen lei ─ se Flü ─ gel, um ─ sau ─ sten schau ─ erlich mein Ohr;

die Nacht schuf tausend Unge ─ heu ─ er; doch frisch und fröhlich war mein

Wie oben.

Etwas langsamer.

Wandrers Nachtlied.

Von J. W. v. Goethe.

Für eine Singstimme mit Begleitung des Pianoforte
componirt von

FRANZ SCHUBERT.

Op. 96. № 3.

Der Frau Fürstin Kinsky, geb. Freiin von Kerpen gewidmet.

Gesänge aus „Wilhelm Meister"

von J. W. v. Goethe.

I.
Mignon und der Harfner.

Für zwei Singstimmen mit Begleitung des Pianoforte

componirt von

FRANZ SCHUBERT.

Op. 62. № 1.

Der Fürstin Mathilde zu Schwarzenberg gewidmet.

Januar 1826.

Gesänge aus „Wilhelm Meister"

von J. W. v. Goethe.

II.
Lied der Mignon.

Für eine Singstimme mit Begleitung des Pianoforte
componirt von

FRANZ SCHUBERT.

Op. 62. № 2.

Der Fürstin Mathilde zu Schwarzenberg gewidmet.

Januar 1826.

Heiss mich nicht re - den, heiss __ mich schwei - gen, denn mein Ge - heim - niss ist mir Pflicht; ich möch - te dir __ mein gan - zes Inn - re zei - gen, al - lein das Schick - sal __ will es __ nicht. Zur

rech _ ten Zeit vertreibt der Son _ ne Lauf die fin _ stre Nacht, und sie muss sich er _

hel _ _ len; der har _ te Fels schliesst sei _ nen

Busen auf, missgönnt der Er _ de nicht die tief ver _ borg'nen Quel _ len.

Ein Je _ der sucht _ im Arm des Freundes Ruh, _ dort

kann＿ die Brust in Kla＿gen sich er＿gie＿ssen, in＿ Kla＿gen sich er＿gie＿ssen;

al＿lein ein Schwur drückt mir die Lippen zu, und nur ein Gott＿＿ ver＿

cresc.

mag sie auf＿zuschlie＿＿ssen; ein Schwur drückt mir die Lippen zu, und nur ein

p   *cre＿＿scen＿do＿f*

Gott, ein Gott ver＿mag sie auf＿zu＿schlie＿＿ssen.

ff ffz p

Gesänge aus „Wilhelm Meister"

von J. W. v. Goethe.

III.
Lied der Mignon.

Für eine Singstimme mit Begleitung des Pianoforte

componirt von

FRANZ SCHUBERT.

Op. 62. № 3.

Der Fürstin Mathilde zu Schwarzenberg gewidmet.

Januar 1826.

So lasst mich schei-nen, bis ich wer-de; zieht mir das weisse Kleid nicht aus! ich ei-le von der schönen Er-de hinab in je-nes dun-kle Haus. Dort ruh' ich ei-ne klei-ne Stil-le, dann öffnet sich der fri-sche Blick, ich la-sse dann die rei-ne

Hül_le, den Gürtel und den Kranz zu_rück.

Und jene himm_lischen Ge_stal_ten sie fra_gen nicht nach Mann und Weib, und keine Klei_der, keine Fal_ten umgeben den ver_klär_ten Leib.

Zwar lebt' ich oh _ ne Sorg und Mü _ he, doch fühlt' ich tie_fen Schmerz ge _ nung, vor Kummer al _ tert' ich zu _ frü _ he; macht mich auf e _ wig, auf e _ wig wieder jung!

Gesänge aus „Wilhelm Meister"

von J. W. v. Goethe.

IV.
Lied der Mignon.

Für eine Singstimme mit Begleitung des Pianoforte

componirt von

FRANZ SCHUBERT.

Op. 62. No 4.

Der Fürstin Mathilde zu Schwarzenberg gewidmet.

Januar 1826.

Nur wer die Sehnsucht kennt, weiss, was ich lei _ de, nur wer die Sehn _ sucht kennt, weiss, was ich lei _ de! Al _ lein und ab _ ge _ trennt von al _ ler Freu _ de, seh' ich an's Firmament nach je _ ner Sei _ te. Ach, der mich liebt und kennt ist _ in der Wei _ te.